사경발원문

우러러 온 우주 법계에 충만하사 아니 계신 곳 없으시고 만유에 평등하사 자비의 구름으로 피어나신 부처님께 귀의 하나이다.

참다운 실상은 형상과 말을 여의었건만 감응하시는 원력은 삼천 대천 세계를 두루 덮으시고 단비 같은 팔만사천 법문으로 온갖 번뇌 씻어주시며 자유자재하신 방편으로 고해 중생 건지시니 행하는 일 성취됨은 맑은 못의 달그림자 같사옵니다.

그러하옵기에, 이렇듯 저의 정성 모아 사경의식을 봉행하오니 이 공덕으로 신심 더욱 깊어지고 가정은 늘 평안하며 모든이들 부처님 세상에 들게 하여지이다.

판세음보살 판세음보살 판세음보살

* 필요에 따라 자기 가족의 축원을 구체적으로 하셔도 됩니다.

KB213024

기도불자 _____ 합장

신묘장구대다라니 나모라 다나다라 야야
나막알약 바로기제 새바라야 모지사다바야
마하 사다바야 마하가로 니가야 옴살바 바예수
다라나 가라야 다사명 나막가리다바 이맘알야 바로기
제 새바라 다바 니라간타 나막하리나야 마발다 이사미
살발타 사다남 수반 아예염 살바 보다남 바바말아 미수
다감 다냐타 옴 아로계 아로가 마지로가 지가란제 혜혜
하례 마하모지 사다바 사마라 사마라 하리나야 구로구
로 갈마 사다야 사다야 도로도로 미연제 마하미연제 다
라다라 다린나례 새바라 자라자라 마라 미마라 아마라
몰제예 혜혜로계 새바라 라아미사미 나사야 나베 사미
사미 나사야 모하자라 미사미 나사야 호로호로 마라호
로 하례 바나마 나바 사라사라 시리시리 소로소로 못자
못자 모다야 모다야 매다리야 니라간타 가마사 날사남
바라 하리나야 마낙 사바하 싯다야 사바하 마하싯다야
사바하 싯다유예 새바라야 사바하 니라간타야 사바하
바라하 목카싱하 목카야 사바하 바나마 하따야 사바하
자가라 욕다야 사바하 상카섭나녜 모다나야 사바하 마
하라 구타다라야 사바하 바마사간타 니사 시체다 가릿
나 이나야 사바하 먀가라 잘마 이바사나야 사바하
『나모라 다나다라 야야 나막알야 바로기제 새바라야
사바하 나모라 다나다라 야야 나막알야 바로기제 새
바라야 사바하 나모라 다나다라 야야 나막알야 바로
기제 새바라야 사바하』

신묘장구대다라니 나모라 다나다라 야야
나막알약 바로기제 새바라야 모지사다바야
마하 사다바야 마하가로 니가야 옴살바 바예수
다라나 가라야 다사명 나막가리다바 이맘알야 바로기
제 새바라 다바 니라간타 나막하리나야 마발다 이사미
살발타 사다남 수반 아예염 살바 보다남 바바말아 미수
다감 다냐타 옴 아로계 아로가 마지로가 지가란제 혜혜
하례 마하모지 사다바 사마라 사마라 하리나야 구로구
로 갈마 사다야 사다야 도로도로 미연제 마하미연제 다
라다라 다린나례 새바라 자라자라 마라 미마라 아마라
몰제예 혜혜로계 새바라 라아미사미 나사야 나베 사미
사미 나사야 모하자라 미사미 나사야 호로호로 마라호
로 하례 바나마 나바 사라사라 시리시리 소로소로 못자
못자 모다야 모다야 매다리야 니라간타 가마사 날사남
바라 하리나야 마낙 사바하 싯다야 사바하 마하싯다야
사바하 싯다유예 새바라야 사바하 니라간타야 사바하
바라하 목카싱하 목카야 사바하 바나마 하따야 사바하
자가라 욕다야 사바하 상카섭나녜 모다나야 사바하 마
하라 구타다라야 사바하 바마사간타 니사 시체다 가릿
나 이나야 사바하 먀가라 잘마 이바사나야 사바하
『나모라 다나다라 야야 나막알야 바로기제 새바라야
사바하   나모라 다나다라 야야 나막알야 바로기제 새
바라야 사바하   나모라 다나다라 야야 나막알야 바로
기제 새바라야 사바하』

신묘장구대다라니 나모라 다나다라 야야
나막알약 바로기제 새바라야 모지사다바야
마하 사다바야 마하가로 니가야 옴살바 바예수
다라나 가라야 다사명 나막가리다바 이맘알야 바로기
제 새바라 다바 니라간타 나막하리나야 마발다 이사미
살발타 사다남 수반 아예염 살바 보다남 바바말아 미수
다감 다냐타 옴 아로계 아로가 마지로가 지가란제 혜혜
하례 마하모지 사다바 사마라 사마라 하리나야 구로구
로 갈마 사다야 사다야 도로도로 미연제 마하미연제 다
라다라 다린나례 새바라 자라자라 마라 미마라 아마라
몰제예 혜혜로계 새바라 라아미사미 나사야 나베 사미
사미 나사야 모하자라 미사미 나사야 호로호로 마라호
로 하례 바나마 나바 사라사라 시리시리 소로소로 못자
못자 모다야 모다야 매다리야 니라간타 가마사 날사남
바라 하리나야 마낙 사바하 싯다야 사바하 마하싯다야
사바하 싯다유예 새바라야 사바하 니라간타야 사바하
바라하 목카싱하 목카야 사바하 바나마 하따야 사바하
자가라 욕다야 사바하 상카섭나녜 모다나야 사바하 마
하라 구타다라야 사바하 바마사간타 니사 시체다 가릿
나 이나야 사바하 먀가라 잘마 이바사나야 사바하
『나모라 다나다라 야야 나막알야 바로기제 새바라야
사바하   나모라 다나다라 야야 나막알야 바로기제 새
바라야 사바하   나모라 다나다라 야야 나막알야 바로
기제 새바라야 사바하』

신묘장구대다라니 나모라 다나다라 야야
나막알약 바로기제 새바라야 모지사다바야
마하 사다바야 마하가로 니가야 옴살바 바예수
다라나 가라야 다사명 나막가리다바 이맘알야 바로기
제 새바라 다바 니라간타 나막하리나야 마발다 이사미
살발타 사다남 수반 아예염 살바 보다남 바바말아 미수
다감 다냐타 옴 아로계 아로가 마지로가 지가란제 혜혜
하례 마하모지 사다바 사마라 사마라 하리나야 구로구
로 갈마 사다야 사다야 도로도로 미연제 마하미연제 다
라다라 다린나례 새바라 자라자라 마라 미마라 아마라
몰제예 혜혜로계 새바라 라아미사미 나사야 나베 사미
사미 나사야 모하자라 미사미 나사야 호로호로 마라호
로 하례 바나마 나바 사라사라 시리시리 소로소로 못자
못자 모다야 모다야 매다리야 니라간타 가마사 날사남
바라 하리나야 마낙 사바하 싯다야 사바하 마하싯다야
사바하 싯다유예 새바라야 사바하 니라간타야 사바하
바라하 목카싱하 목카야 사바하 바나마 하따야 사바하
자가라 욕다야 사바하 상카섭나네 모다나야 사바하 마
하라 구타다라야 사바하 바마사간타 니사 시체다 가릿
나 이나야 사바하 먀가라 잘마 이바사나야 사바하
『나모라 다나다라 야야 나막알야 바로기제 새바라야
사바하   나모라 다나다라 야야 나막알야 바로기제 새
바라야 사바하   나모라 다나다라 야야 나막알야 바로
기제 새바라야 사바하』

신묘장구대다라니 나모라 다나다라 야야
나막알약 바로기제 새바라야 모지사다바야
마하 사다바야 마하가로 니가야 옴살바 바예수
다라나 가라야 다사명 나막가리다바 이맘알야 바로기
제 새바라 다바 니라간타 나막하리나야 마발다 이사미
살발타 사다남 수반 아예염 살바 보다남 바바말아 미수
다감 다냐타 옴 아로계 아로가 마지로가 지가란제 혜혜
하례 마하모지 사다바 사마라 사마라 하리나야 구로구
로 갈마 사다야 사다야 도로도로 미연제 마하미연제 다
라다라 다린나례 새바라 자라자라 마라 미마라 아마라
몰제예 혜혜로계 새바라 라아미사미 나사야 나베 사미
사미 나사야 모하자라 미사미 나사야 호로호로 마라호
로 하례 바나마 나바 사라사라 시리시리 소로소로 못자
못자 모다야 모다야 매다리야 니라간타 가마사 날사남
바라 하리나야 마낙 사바하 싯다야 사바하 마하싯다야
사바하 싯다유예 새바라야 사바하 니라간타야 사바하
바라하 목카싱하 목카야 사바하 바나마 하따야 사바하
자가라 욕다야 사바하 상카섭나녜 모다나야 사바하 마
하라 구타다라야 사바하 바마사간타 니사 시체다 가릿
나 이나야 사바하 먀가라 잘마 이바사나야 사바하
『나모라 다나다라 야야 나막알야 바로기제 새바라야
사바하   나모라 다나다라 야야 나막알야 바로기제 새
바라야 사바하   나모라 다나다라 야야 나막알야 바로
기제 새바라야 사바하』

신묘장구대다라니 나모라 다나다라 야야
나막알약 바로기제 새바라야 모지사다바야
마하 사다바야 마하가로 니가야 옴살바 바예수
다라나 가라야 다사명 나막가리다바 이맘알야 바로기
제 새바라 다바 니라간타 나막하리나야 마발다 이사미
살발타 사다남 수반 아예염 살바 보다남 바바말아 미수
다감 다냐타 옴 아로계 아로가 마지로가 지가란제 혜혜
하례 마하모지 사다바 사마라 사마라 하리나야 구로구
로 갈마 사다야 사다야 도로도로 미연제 마하미연제 다
라다라 다린나례 새바라 자라자라 마라 미마라 아마라
몰제예 혜혜로계 새바라 라아미사미 나사야 나베 사미
사미 나사야 모하자라 미사미 나사야 호로호로 마라호
로 하례 바나마 나바 사라사라 시리시리 소로소로 못자
못자 모다야 모다야 매다리야 니라간타 가마사 날사남
바라 하리나야 마낙 사바하 싯다야 사바하 마하싯다야
사바하 싯다유예 새바라야 사바하 니라간타야 사바하
바라하 목카싱하 목카야 사바하 바나마 하따야 사바하
자가라 욕다야 사바하 상카섭나녜 모다나야 사바하 마
하라 구타다라야 사바하 바마사간타 니사 시체다 가릿
나 이나야 사바하 먀가라 잘마 이바사나야 사바하
『나모라 다나다라 야야 나막알야 바로기제 새바라야
사바하   나모라 다나다라 야야 나막알야 바로기제 새
바라야 사바하   나모라 다나다라 야야 나막알야 바로
기제 새바라야 사바하』

신묘장구대다라니 나모라 다나다라 야야
나막알약 바로기제 새바라야 모지사다바야
마하 사다바야 마하가로 니가야 옴살바 바예수
다라나 가라야 다사명 나막가리다바 이맘알야 바로기
제 새바라 다바 니라간타 나막하리나야 마발다 이사미
살발타 사다남 수반 아예염 살바 보다남 바바말아 미수
다감 다냐타 옴 아로계 아로가 마지로가 지가란제 혜혜
하례 마하모지 사다바 사마라 사마라 하리나야 구로구
로 갈마 사다야 사다야 도로도로 미연제 마하미연제 다
라다라 다린나례 새바라 자라자라 마라 미마라 아마라
몰제예 혜혜로계 새바라 라아미사미 나사야 나베 사미
사미 나사야 모하자라 미사미 나사야 호로호로 마라호
로 하례 바나마 나바 사라사라 시리시리 소로소로 못자
못자 모다야 모다야 매다리야 니라간타 가마사 날사남
바라 하리나야 마낙 사바하 싯다야 사바하 마하싯다야
사바하 싯다유예 새바라야 사바하 니라간타야 사바하
바라하 목카싱하 목카야 사바하 바나마 하따야 사바하
자가라 욕다야 사바하 상카섭나녜 모다나야 사바하 마
하라 구타다라야 사바하 바마사간타 니사 시체다 가릿
나 이나야 사바하 먀가라 잘마 이바사나야 사바하
『나모라 다나다라 야야 나막알야 바로기제 새바라야
사바하   나모라 다나다라 야야 나막알야 바로기제 새
바라야 사바하   나모라 다나다라 야야 나막알야 바로
기제 새바라야 사바하』

신묘장구대다라니 나모라 다나다라 야야
나막알약 바로기제 새바라야 모지사다바야
마하 사다바야 마하가로 니가야 옴살바 바예수
다라나 가라야 다사명 나막가리다바 이맘알야 바로기
제 새바라 다바 니라간타 나막하리나야 마발다 이사미
살발타 사다남 수반 아예염 살바 보다남 바바말아 미수
다감 다냐타 옴 아로계 아로가 마지로가 지가란제 혜혜
하례 마하모지 사다바 사마라 사마라 하리나야 구로구
로 갈마 사다야 사다야 도로도로 미연제 마하미연제 다
라다라 다린나례 새바라 자라자라 마라 미마라 아마라
몰제예 혜혜로계 새바라 라아미사미 나사야 나베 사미
사미 나사야 모하자라 미사미 나사야 호로호로 마라호
로 하례 바나마 나바 사라사라 시리시리 소로소로 못자
못자 모다야 모다야 매다리야 니라간타 가마사 날사남
바라 하리나야 마낙 사바하 싯다야 사바하 마하싯다야
사바하 싯다유예 새바라야 사바하 니라간타야 사바하
바라하 목카싱하 목카야 사바하 바나마 하따야 사바하
자가라 욕다야 사바하 상카섭나녜 모다나야 사바하 마
하라 구타다라야 사바하 바마사간타 니사 시체다 가릿
나 이나야 사바하 먀가라 잘마 이바사나야 사바하
『나모라 다나다라 야야 나막알야 바로기제 새바라야
사바하   나모라 다나다라 야야 나막알야 바로기제 새
바라야 사바하   나모라 다나다라 야야 나막알야 바로
기제 새바라야 사바하』

신묘장구대다라니 나모라 다나다라 야야
나막알약 바로기제 새바라야 모지사다바야
마하 사다바야 마하가로 니가야 옴살바 바예수
다라나 가라야 다사명 나막가리다바 이맘알야 바로기
제 새바라 다바 니라간타 나막하리나야 마발다 이사미
살발타 사다남 수반 아예염 살바 보다남 바바말아 미수
다감 다냐타 옴 아로계 아로가 마지로가 지가란제 혜혜
하례 마하모지 사다바 사마라 사마라 하리나야 구로구
로 갈마 사다야 사다야 도로도로 미연제 마하미연제 다
라다라 다린나례 새바라 자라자라 마라 미마라 아마라
몰제예 혜혜로계 새바라 라아미사미 나사야 나베 사미
사미 나사야 모하자라 미사미 나사야 호로호로 마라호
로 하례 바나마 나바 사라사라 시리시리 소로소로 못자
못자 모다야 모다야 매다리야 니라간타 가마사 날사남
바라 하리나야 마낙 사바하 싯다야 사바하 마하싯다야
사바하 싯다유예 새바라야 사바하 니라간타야 사바하
바라하 목카싱하 목카야 사바하 바나마 하따야 사바하
자가라 욕다야 사바하 상카섭나녜 모다나야 사바하 마
하라 구타다라야 사바하 바마사간타 니사 시체다 가릿
나 이나야 사바하 먀가라 잘마 이바사나야 사바하
『나모라 다나다라 야야 나막알야 바로기제 새바라야
사바하   나모라 다나다라 야야 나막알야 바로기제 새
바라야 사바하   나모라 다나다라 야야 나막알야 바로
기제 새바라야 사바하』

불기 25 년 월 일 요일

신묘장구대다라니 나모라 다나다라 야야
나막알약 바로기제 새바라야 모지사다바야
마하 사다바야 마하가로 니가야 옴살바 바예수
다라나 가라야 다사명 나막가리다바 이맘알야 바로기
제 새바라 다바 니라간타 나막하리나야 마발다 이사미
살발타 사다남 수반 아예염 살바 보다남 바바말아 미수
다감 다냐타 옴 아로계 아로가 마지로가 지가란제 혜혜
하례 마하모지 사다바 사마라 사마라 하리나야 구로구
로 갈마 사다야 사다야 도로도로 미연제 마하미연제 다
라다라 다린나례 새바라 자라자라 마라 미마라 아마라
몰제예 혜혜로계 새바라 라아미사미 나사야 나베 사미
사미 나사야 모하자라 미사미 나사야 호로호로 마라호
로 하례 바나마 나바 사라사라 시리시리 소로소로 못자
못자 모다야 모다야 매다리야 니라간타 가마사 날사남
바라 하리나야 마낙 사바하 싯다야 사바하 마하싯다야
사바하 싯다유예 새바라야 사바하 니라간타야 사바하
바라하 목카싱하 목카야 사바하 바나마 하따야 사바하
자가라 욕다야 사바하 상카섭나녜 모다나야 사바하 마
하라 구타다라야 사바하 바마사간타 니사 시체다 가릿
나 이나야 사바하 먀가라 잘마 이바사나야 사바하
『나모라 다나다라 야야 나막알야 바로기제 새바라야
사바하 나모라 다나다라 야야 나막알야 바로기제 새
바라야 사바하 나모라 다나다라 야야 나막알야 바로
기제 새바라야 사바하』

신묘장구대다라니 나모라 다나다라 야야
나막알약 바로기제 새바라야 모지사다바야
마하 사다바야 마하가로 니가야 옴살바 바예수
다라나 가라야 다사명 나막가리다바 이맘알야 바로기
제 새바라 다바 니라간타 나막하리나야 마발다 이사미
살발타 사다남 수반 아예염 살바 보다남 바바말아 미수
다감 다냐타 옴 아로계 아로가 마지로가 지가란제 혜혜
하례 마하모지 사다바 사마라 사마라 하리나야 구로구
로 갈마 사다야 사다야 도로도로 미연제 마하미연제 다
라다라 다린나례 새바라 자라자라 마라 미마라 아마라
몰제예 혜혜로계 새바라 라아미사미 나사야 나베 사미
사미 나사야 모하자라 미사미 나사야 호로호로 마라호
로 하례 바나마 나바 사라사라 시리시리 소로소로 못자
못자 모다야 모다야 매다리야 니라간타 가마사 날사남
바라 하리나야 마낙 사바하 싯다야 사바하 마하싯다야
사바하 싯다유예 새바라야 사바하 니라간타야 사바하
바라하 목카싱하 목카야 사바하 바나마 하따야 사바하
자가라 욕다야 사바하 상카섭나녜 모다나야 사바하 마
하라 구타다라야 사바하 바마사간타 니사 시체다 가릿
나 이나야 사바하 먀가라 잘마 이바사나야 사바하
『나모라 다나다라 야야 나막알야 바로기제 새바라야
사바하   나모라 다나다라 야야 나막알야 바로기제 새
바라야 사바하   나모라 다나다라 야야 나막알야 바로
기제 새바라야 사바하』

신묘장구대다라니 나모라 다나다라 야야
나막알약 바로기제 새바라야 모지사다바야
마하 사다바야 마하가로 니가야 옴살바 바예수
다라나 가라야 다사명 나막가리다바 이맘알야 바로기
제 새바라 다바 니라간타 나막하리나야 마발다 이사미
살발타 사다남 수반 아예염 살바 보다남 바바말아 미수
다감 다냐타 옴 아로계 아로가 마지로가 지가란제 혜혜
하례 마하모지 사다바 사마라 사마라 하리나야 구로구
로 갈마 사다야 사다야 도로도로 미연제 마하미연제 다
라다라 다린나례 새바라 자라자라 마라 미마라 아마라
몰제예 혜혜로계 새바라 라아미사미 나사야 나베 사미
사미 나사야 모하자라 미사미 나사야 호로호로 마라호
로 하례 바나마 나바 사라사라 시리시리 소로소로 못자
못자 모다야 모다야 매다리야 니라간타 가마사 날사남
바라 하리나야 마낙 사바하 싯다야 사바하 마하싯다야
사바하 싯다유예 새바라야 사바하 니라간타야 사바하
바라하 목카싱하 목카야 사바하 바나마 하따야 사바하
자가라 욕다야 사바하 상카섭나녜 모다나야 사바하 마
하라 구타다라야 사바하 바마사간타 니사 시체다 가릿
나 이나야 사바하 먀가라 잘마 이바사나야 사바하
『나모라 다나다라 야야 나막알야 바로기제 새바라야
사바하 나모라 다나다라 야야 나막알야 바로기제 새
바라야 사바하 나모라 다나다라 야야 나막알야 바로
기제 새바라야 사바하』

신묘장구대다라니 나모라 다나다라 야야
나막알약 바로기제 새바라야 모지사다바야
마하 사다바야 마하가로 니가야 옴살바 바예수
다라나 가라야 다사명 나막가리다바 이맘알야 바로기
제 새바라 다바 니라간타 나막하리나야 마발다 이사미
살발타 사다남 수반 아예염 살바 보다남 바바말아 미수
다감 다냐타 옴 아로계 아로가 마지로가 지가란제 혜혜
하례 마하모지 사다바 사마라 사마라 하리나야 구로구
로 갈마 사다야 사다야 도로도로 미연제 마하미연제 다
라다라 다린나례 새바라 자라자라 마라 미마라 아마라
몰제예 혜혜로계 새바라 라아미사미 나사야 나베 사미
사미 나사야 모하자라 미사미 나사야 호로호로 마라호
로 하례 바나마 나바 사라사라 시리시리 소로소로 못자
못자 모다야 모다야 매다리야 니라간타 가마사 날사남
바라 하리나야 마낙 사바하 싯다야 사바하 마하싯다야
사바하 싯다유예 새바라야 사바하 니라간타야 사바하
바라하 목카싱하 목카야 사바하 바나마 하따야 사바하
자가라 욕다야 사바하 상카섭나녜 모다나야 사바하 마
하라 구타다라야 사바하 바마사간타 니사 시체다 가릿
나 이나야 사바하 먀가라 잘마 이바사나야 사바하
『나모라 다나다라 야야 나막알야 바로기제 새바라야
사바하   나모라 다나다라 야야 나막알야 바로기제 새
바라야 사바하   나모라 다나다라 야야 나막알야 바로
기제 새바라야 사바하』

신묘장구대다라니 나모라 다나다라 야야
나막알약 바로기제 새바라야 모지사다바야
마하 사다바야 마하가로 니가야 옴살바 바예수
다라나 가라야 다사명 나막가리다바 이맘알야 바로기
제 새바라 다바 니라간타 나막하리나야 마발다 이사미
살발타 사다남 수반 아예염 살바 보다남 바바말아 미수
다감 다냐타 옴 아로계 아로가 마지로가 지가란제 혜혜
하례 마하모지 사다바 사마라 사마라 하리나야 구로구
로 갈마 사다야 사다야 도로도로 미연제 마하미연제 다
라다라 다린나례 새바라 자라자라 마라 미마라 아마라
몰제예 혜혜로계 새바라 라아미사미 나사야 나베 사미
사미 나사야 모하자라 미사미 나사야 호로호로 마라호
로 하례 바나마 나바 사라사라 시리시리 소로소로 못자
못자 모다야 모다야 매다리야 니라간타 가마사 날사남
바라 하리나야 마낙 사바하 싯다야 사바하 마하싯다야
사바하 싯다유예 새바라야 사바하 니라간타야 사바하
바라하 목카싱하 목카야 사바하 바나마 하따야 사바하
자가라 욕다야 사바하 상카섭나네 모다나야 사바하 마
하라 구타다라야 사바하 바마사간타 니사 시체다 가릿
나 이나야 사바하 먀가라 잘마 이바사나야 사바하
『나모라 다나다라 야야 나막알야 바로기제 새바라야
사바하   나모라 다나다라 야야 나막알야 바로기제 새
바라야 사바하   나모라 다나다라 야야 나막알야 바로
기제 새바라야 사바하』

신묘장구대다라니 나모라 다나다라 야야
나막알약 바로기제 새바라야 모지사다바야
마하 사다바야 마하가로 니가야 옴살바 바예수
다라나 가라야 다사명 나막가리다바 이맘알야 바로기
제 새바라 다바 니라간타 나막하리나야 마발다 이사미
살발타 사다남 수반 아예염 살바 보다남 바바말아 미수
다감 다냐타 옴 아로계 아로가 마지로가 지가란제 혜혜
하례 마하모지 사다바 사마라 사마라 하리나야 구로구
로 갈마 사다야 사다야 도로도로 미연제 마하미연제 다
라다라 다린나례 새바라 자라자라 마라 미마라 아마라
몰제예 혜혜로계 새바라 라아미사미 나사야 나베 사미
사미 나사야 모하자라 미사미 나사야 호로호로 마라호
로 하례 바나마 나바 사라사라 시리시리 소로소로 못자
못자 모다야 모다야 매다리야 니라간타 가마사 날사남
바라 하리나야 마낙 사바하 싯다야 사바하 마하싯다야
사바하 싯다유예 새바라야 사바하 니라간타야 사바하
바라하 목카싱하 목카야 사바하 바나마 하따야 사바하
자가라 욕다야 사바하 상카섭나녜 모다나야 사바하 마
하라 구타다라야 사바하 바마사간타 니사 시체다 가릿
나 이나야 사바하 먀가라 잘마 이바사나야 사바하
『나모라 다나다라 야야 나막알야 바로기제 새바라야
사바하 나모라 다나다라 야야 나막알야 바로기제 새
바라야 사바하 나모라 다나다라 야야 나막알야 바로
기제 새바라야 사바하』

신묘장구대다라니 나모라 다나다라 야야
나막알약 바로기제 새바라야 모지사다바야
마하 사다바야 마하가로 니가야 옴살바 바예수
다라나 가라야 다사명 나막가리다바 이맘알야 바로기
제 새바라 다바 니라간타 나막하리나야 마발다 이사미
살발타 사다남 수반 아예염 살바 보다남 바바말아 미수
다감 다냐타 옴 아로계 아로가 마지로가 지가란제 혜혜
하례 마하모지 사다바 사마라 사마라 하리나야 구로구
로 갈마 사다야 사다야 도로도로 미연제 마하미연제 다
라다라 다린나례 새바라 자라자라 마라 미마라 아마라
몰제예 혜혜로계 새바라 라아미사미 나사야 나베 사미
사미 나사야 모하자라 미사미 나사야 호로호로 마라호
로 하례 바나마 나바 사라사라 시리시리 소로소로 못자
못자 모다야 모다야 매다리야 니라간타 가마사 날사남
바라 하리나야 마낙 사바하 싯다야 사바하 마하싯다야
사바하 싯다유예 새바라야 사바하 니라간타야 사바하
바라하 목카싱하 목카야 사바하 바나마 하따야 사바하
자가라 욕다야 사바하 상카섭나녜 모다나야 사바하 마
하라 구타다라야 사바하 바마사간타 니사 시체다 가릿
나 이나야 사바하 먀가라 잘마 이바사나야 사바하
『나모라 다나다라 야야 나막알야 바로기제 새바라야
사바하   나모라 다나다라 야야 나막알야 바로기제 새
바라야 사바하   나모라 다나다라 야야 나막알야 바로
기제 새바라야 사바하』

신묘장구대다라니 나모라 다나다라 야야
나막알약 바로기제 새바라야 모지사다바야
마하 사다바야 마하가로 니가야 옴살바 바예수
다라나 가라야 다사명 나막가리다바 이맘알야 바로기
제 새바라 다바 니라간타 나막하리나야 마발다 이사미
살발타 사다남 수반 아예염 살바 보다남 바바말아 미수
다감 다냐타 옴 아로계 아로가 마지로가 지가란제 혜혜
하례 마하모지 사다바 사마라 사마라 하리나야 구로구
로 갈마 사다야 사다야 도로도로 미연제 마하미연제 다
라다라 다린나례 새바라 자라자라 마라 미마라 아마라
몰제예 혜혜로계 새바라 라아미사미 나사야 나베 사미
사미 나사야 모하자라 미사미 나사야 호로호로 마라호
로 하례 바나마 나바 사라사라 시리시리 소로소로 못자
못자 모다야 모다야 매다리야 니라간타 가마사 날사남
바라 하리나야 마낙 사바하 싯다야 사바하 마하싯다야
사바하 싯다유예 새바라야 사바하 니라간타야 사바하
바라하 목카싱하 목카야 사바하 바나마 하따야 사바하
자가라 욕다야 사바하 상카섭나녜 모다나야 사바하 마
하라 구타다라야 사바하 바마사간타 니사 시체다 가릿
나 이나야 사바하 먀가라 잘마 이바사나야 사바하
『나모라 다나다라 야야 나막알야 바로기제 새바라야
사바하   나모라 다나다라 야야 나막알야 바로기제 새
바라야 사바하   나모라 다나다라 야야 나막알야 바로
기제 새바라야 사바하』

신묘장구대다라니 나모라 다나다라 야야
나막알약 바로기제 새바라야 모지사다바야
마하 사다바야 마하가로 니가야 옴살바 바예수
다라나 가라야 다사명 나막가리다바 이맘알야 바로기
제 새바라 다바 니라간타 나막하리나야 마발다 이사미
살발타 사다남 수반 아예염 살바 보다남 바바말아 미수
다감 다냐타 옴 아로계 아로가 마지로가 지가란제 혜혜
하례 마하모지 사다바 사마라 사마라 하리나야 구로구
로 갈마 사다야 사다야 도로도로 미연제 마하미연제 다
라다라 다린나례 새바라 자라자라 마라 미마라 아마라
몰제예 혜혜로계 새바라 라아미사미 나사야 나베 사미
사미 나사야 모하자라 미사미 나사야 호로호로 마라호
로 하례 바나마 나바 사라사라 시리시리 소로소로 못자
못자 모다야 모다야 매다리야 니라간타 가마사 날사남
바라 하리나야 마낙 사바하 싯다야 사바하 마하싯다야
사바하 싯다유예 새바라야 사바하 니라간타야 사바하
바라하 목카싱하 목카야 사바하 바나마 하따야 사바하
자가라 욕다야 사바하 상카섭나녜 모다나야 사바하 마
하라 구타다라야 사바하 바마사간타 니사 시체다 가릿
나 이나야 사바하 먀가라 잘마 이바사나야 사바하
『나모라 다나다라 야야 나막알야 바로기제 새바라야
사바하 나모라 다나다라 야야 나막알야 바로기제 새
바라야 사바하 나모라 다나다라 야야 나막알야 바로
기제 새바라야 사바하』

신묘장구대다라니 나모라 다나다라 야야
나막알약 바로기제 새바라야 모지사다바야
마하 사다바야 마하가로 니가야 옴살바 바예수
다라나 가라야 다사명 나막가리다바 이맘알야 바로기
제 새바라 다바 니라간타 나막하리나야 마발다 이사미
살발타 사다남 수반 아예염 살바 보다남 바바말아 미수
다감 다냐타 옴 아로계 아로가 마지로가 지가란제 혜혜
하례 마하모지 사다바 사마라 사마라 하리나야 구로구
로 갈마 사다야 사다야 도로도로 미연제 마하미연제 다
라다라 다린나례 새바라 자라자라 마라 미마라 아마라
몰제예 혜혜로계 새바라 라아미사미 나사야 니베 사미
사미 나사야 모하자라 미사미 나사야 호로호로 마라호
로 하례 바나마 나바 사라사라 시리시리 소로소로 못자
못자 모다야 모다야 매다리야 니라간타 가마사 날사남
바라 하리나야 마낙 사바하 싯다야 사바하 마하싯다야
사바하 싯다유예 새바라야 사바하 니라간타야 사바하
바라하 목카싱하 목카야 사바하 바나마 하따야 사바하
자가라 욕다야 사바하 상카섭나네 모다나야 사바하 마
하라 구타다라야 사바하 바마사간타 니사 시체다 가릿
나 이나야 사바하 먀가라 잘마 이바사나야 사바하
『나모라 다나다라 야야 나막알야 바로기제 새바라야
사바하   나모라 다나다라 야야 나막알야 바로기제 새
바라야 사바하   나모라 다나다라 야야 나막알야 바로
기제 새바라야 사바하』

신묘장구대다라니 나모라 다나다라 야야
나막알약 바로기제 새바라야 모지사다바야
마하 사다바야 마하가로 니가야 옴살바 바예수
다라나 가라야 다사명 나막가리다바 이맘알야 바로기
제 새바라 다바 니라간타 나막하리나야 마발다 이사미
살발타 사다남 수반 아예염 살바 보다남 바바말아 미수
다감 다냐타 옴 아로계 아로가 마지로가 지가란제 혜혜
하례 마하모지 사다바 사마라 사마라 하리나야 구로구
로 갈마 사다야 사다야 도로도로 미연제 마하미연제 다
라다라 다린나례 새바라 자라자라 마라 미마라 아마라
몰제예 혜혜로계 새바라 라아미사미 나사야 나베 사미
사미 나사야 모하자라 미사미 나사야 호로호로 마라호
로 하례 바나마 나바 사라사라 시리시리 소로소로 못자
못자 모다야 모다야 매다리야 니라간타 가마사 날사남
바라 하리나야 마낙 사바하 싯다야 사바하 마하싯다야
사바하 싯다유예 새바라야 사바하 니라간타야 사바하
바라하 목카싱하 목카야 사바하 바나마 하따야 사바하
자가라 욕다야 사바하 상카섭나네 모다나야 사바하 마
하라 구타다라야 사바하 바마사간타 니사 시체다 가릿
나 이나야 사바하 먀가라 잘마 이바사나야 사바하
『나모라 다나다라 야야 나막알야 바로기제 새바라야
사바하   나모라 다나다라 야야 나막알야 바로기제 새
바라야 사바하   나모라 다나다라 야야 나막알야 바로
기제 새바라야 사바하』

신묘장구대다라니 나모라 다나다라 야야
나막알약 바로기제 새바라야 모지사다바야
마하 사다바야 마하가로 니가야 옴살바 바예수
다라나 가라야 다사명 나막가리다바 이맘알야 바로기
제 새바라 다바 니라간타 나막하리나야 마발다 이사미
살발타 사다남 수반 아예염 살바 보다남 바바말아 미수
다감 다냐타 옴 아로계 아로가 마지로가 지가란제 혜혜
하례 마하모지 사다바 사마라 사마라 하리나야 구로구
로 갈마 사다야 사다야 도로도로 미연제 마하미연제 다
라다라 다린나례 새바라 자라자라 마라 미마라 아마라
몰제예 혜혜로계 새바라 라아미사미 나사야 나베 사미
사미 나사야 모하자라 미사미 나사야 호로호로 마라호
로 하례 바나마 나바 사라사라 시리시리 소로소로 못자
못자 모다야 모다야 매다리야 니라간타 가마사 날사남
바라 하리나야 마낙 사바하 싯다야 사바하 마하싯다야
사바하 싯다유예 새바라야 사바하 니라간타야 사바하
바라하 목카싱하 목카야 사바하 바나마 하따야 사바하
자가라 욕다야 사바하 상카섭나녜 모다나야 사바하 마
하라 구타다라야 사바하 바마사간타 니사 시체다 가릿
나 이나야 사바하 먀가라 잘마 이바사나야 사바하
『나모라 다나다라 야야 나막알야 바로기제 새바라야
사바하   나모라 다나다라 야야 나막알야 바로기제 새
바라야 사바하   나모라 다나다라 야야 나막알야 바로
기제 새바라야 사바하』

신묘장구대다라니 나모라 다나다라 야야
나막알약 바로기제 새바라야 모지사다바야
마하 사다바야 마하가로 니가야 옴살바 바예수
다라나 가라야 다사명 나막가리다바 이맘알야 바로기
제 새바라 다바 니라간타 나막하리나야 마발다 이사미
살발타 사다남 수반 아예염 살바 보다남 바바말아 미수
다감 다냐타 옴 아로계 아로가 마지로가 지가란제 혜혜
하례 마하모지 사다바 사마라 사마라 하리나야 구로구
로 갈마 사다야 사다야 도로도로 미연제 마하미연제 다
라다라 다린나례 새바라 자라자라 마라 미마라 아마라
몰제예 혜혜로계 새바라 라아미사미 나사야 나베 사미
사미 나사야 모하자라 미사미 나사야 호로호로 마라호
로 하례 바나마 나바 사라사라 시리시리 소로소로 못자
못자 모다야 모다야 매다리야 니라간타 가마사 날사남
바라 하리나야 마낙 사바하 싯다야 사바하 마하싯다야
사바하 싯다유예 새바라야 사바하 니라간타야 사바하
바라하 목카싱하 목카야 사바하 바나마 하따야 사바하
자가라 욕다야 사바하 상카섭나녜 모다나야 사바하 마
하라 구타다라야 사바하 바마사간타 니사 시체다 가릿
나 이나야 사바하 먀가라 잘마 이바사나야 사바하
『나모라 다나다라 야야 나막알야 바로기제 새바라야
사바하 나모라 다나다라 야야 나막알야 바로기제 새
바라야 사바하 나모라 다나다라 야야 나막알야 바로
기제 새바라야 사바하』

신묘장구대다라니 나모라 다나다라 야야
나막알약 바로기제 새바라야 모지사다바야
마하 사다바야 마하가로 니가야 옴살바 바예수
다라나 가라야 다사명 나막가리다바 이맘알야 바로기
제 새바라 다바 니라간타 나막하리나야 마발다 이사미
살발타 사다남 수반 아예염 살바 보다남 바바말아 미수
다감 다냐타 옴 아로계 아로가 마지로가 지가란제 혜혜
하례 마하모지 사다바 사마라 사마라 하리나야 구로구
로 갈마 사다야 사다야 도로도로 미연제 마하미연제 다
라다라 다린나례 새바라 자라자라 마라 미마라 아마라
몰제예 혜혜로계 새바라 라아미사미 나사야 나베 사미
사미 나사야 모하자라 미사미 나사야 호로호로 마라호
로 하례 바나마 나바 사라사라 시리시리 소로소로 못자
못자 모다야 모다야 매다리야 니라간타 가마사 날사남
바라 하리나야 마낙 사바하 싯다야 사바하 마하싯다야
사바하 싯다유예 새바라야 사바하 니라간타야 사바하
바라하 목카싱하 목카야 사바하 바나마 하따야 사바하
자가라 욕다야 사바하 상카섭나녜 모다나야 사바하 마
하라 구타다라야 사바하 바마사간타 니사 시체다 가릿
나 이나야 사바하 먀가라 잘마 이바사나야 사바하
『나모라 다나다라 야야 나막알야 바로기제 새바라야
사바하   나모라 다나다라 야야 나막알야 바로기제 새
바라야 사바하   나모라 다나다라 야야 나막알야 바로
기제 새바라야 사바하』

신묘장구대다라니 나모라 다나다라 야야
나막알약 바로기제 새바라야 모지사다바야
마하 사다바야 마하가로 니가야 옴살바 바예수
다라나 가라야 다사명 나막가리다바 이맘알야 바로기
제 새바라 다바 니라간타 나막하리나야 마발다 이사미
살발타 사다남 수반 아예염 살바 보다남 바바말아 미수
다감 다냐타 옴 아로계 아로가 마지로가 지가란제 혜혜
하례 마하모지 사다바 사마라 사마라 하리나야 구로구
로 갈마 사다야 사다야 도로도로 미연제 마하미연제 다
라다라 다린나례 새바라 자라자라 마라 미마라 아마라
몰제예 혜혜로계 새바라 라아미사미 나사야 나베 사미
사미 나사야 모하자라 미사미 나사야 호로호로 마라호
로 하례 바나마 나바 사라사라 시리시리 소로소로 못자
못자 모다야 모다야 매다리야 니라간타 가마사 날사남
바라 하리나야 마낙 사바하 싯다야 사바하 마하싯다야
사바하 싯다유예 새바라야 사바하 니라간타야 사바하
바라하 목카싱하 목카야 사바하 바나마 하따야 사바하
자가라 욕다야 사바하 상카섭나녜 모다나야 사바하 마
하라 구타다라야 사바하 바마사간타 니사 시체다 가릿
나 이나야 사바하 먀가라 잘마 이바사나야 사바하
『나모라 다나다라 야야 나막알야 바로기제 새바라야
사바하   나모라 다나다라 야야 나막알야 바로기제 새
바라야 사바하   나모라 다나다라 야야 나막알야 바로
기제 새바라야 사바하』

신묘장구대다라니 나모라 다나다라 야야
나막알약 바로기제 새바라야 모지사다바야
마하 사다바야 마하가로 니가야 옴살바 바예수
다라나 가라야 다사명 나막가리다바 이맘알야 바로기
제 새바라 다바 니라간타 나막하리나야 마발다 이사미
살발타 사다남 수반 아예염 살바 보다남 바바말아 미수
다감 다냐타 옴 아로계 아로가 마지로가 지가란제 혜혜
하례 마하모지 사다바 사마라 사마라 하리나야 구로구
로 갈마 사다야 사다야 도로도로 미연제 마하미연제 다
라다라 다린나례 새바라 자라자라 마라 미마라 아마라
몰제예 혜혜로계 새바라 라아미사미 나사야 나베 사미
사미 나사야 모하자라 미사미 나사야 호로호로 마라호
로 하례 바나마 나바 사라사라 시리시리 소로소로 못자
못자 모다야 모다야 매다리야 니라간타 가마사 날사남
바라 하리나야 마낙 사바하 싯다야 사바하 마하싯다야
사바하 싯다유예 새바라야 사바하 니라간타야 사바하
바라하 목카싱하 목카야 사바하 바나마 하따야 사바하
자가라 욕다야 사바하 상카섭나녜 모다나야 사바하 마
하라 구타다라야 사바하 바마사간타 니사 시체다 가릿
나 이나야 사바하 먀가라 잘마 이바사나야 사바하
『나모라 다나다라 야야 나막알야 바로기제 새바라야
사바하   나모라 다나다라 야야 나막알야 바로기제 새
바라야 사바하   나모라 다나다라 야야 나막알야 바로
기제 새바라야 사바하』

신묘장구대다라니 나모라 다나다라 야야
나막알약 바로기제 새바라야 모지사다바야
마하 사다바야 마하가로 니가야 옴살바 바예수
다라나 가라야 다사명 나막가리다바 이맘알야 바로기
제 새바라 다바 니라간타 나막하리나야 마발다 이사미
살발타 사다남 수반 아예염 살바 보다남 바바말아 미수
다감 다냐타 옴 아로계 아로가 마지로가 지가란제 혜혜
하례 마하모지 사다바 사마라 사마라 하리나야 구로구
로 갈마 사다야 사다야 도로도로 미연제 마하미연제 다
라다라 다린나례 새바라 자라자라 마라 미마라 아마라
몰제예 혜혜로계 새바라 라아미사미 나사야 나베 사미
사미 나사야 모하자라 미사미 나사야 호로호로 마라호
로 하례 바나마 나바 사라사라 시리시리 소로소로 못자
못자 모다야 모다야 매다리야 니라간타 가마사 날사남
바라 하리나야 마낙 사바하 싯다야 사바하 마하싯다야
사바하 싯다유예 새바라야 사바하 니라간타야 사바하
바라하 목카싱하 목카야 사바하 바나마 하따야 사바하
자가라 욕다야 사바하 상카섭나네 모다나야 사바하 마
하라 구타다라야 사바하 바마사간타 니사 시체다 가릿
나 이나야 사바하 먀가라 잘마 이바사나야 사바하
『나모라 다나다라 야야 나막알야 바로기제 새바라야
사바하   나모라 다나다라 야야 나막알야 바로기제 새
바라야 사바하   나모라 다나다라 야야 나막알야 바로
기제 새바라야 사바하』

신묘장구대다라니 나모라 다나다라 야야
나막알약 바로기제 새바라야 모지사다바야
마하 사다바야 마하가로 니가야 옴살바 바예수
다라나 가라야 다사명 나막가리다바 이맘알야 바로기
제 새바라 다바 니라간타 나막하리나야 마발다 이사미
살발타 사다남 수반 아예염 살바 보다남 바바말아 미수
다감 다냐타 옴 아로계 아로가 마지로가 지가란제 혜혜
하례 마하모지 사다바 사마라 사마라 하리나야 구로구
로 갈마 사다야 사다야 도로도로 미연제 마하미연제 다
라다라 다린나례 새바라 자라자라 마라 미마라 아마라
몰제예 혜혜로계 새바라 라아미사미 나사야 나베 사미
사미 나사야 모하자라 미사미 나사야 호로호로 마라호
로 하례 바나마 나바 사라사라 시리시리 소로소로 못자
못자 모다야 모다야 매다리야 니라간타 가마사 날사남
바라 하리나야 마낙 사바하 싯다야 사바하 마하싯다야
사바하 싯다유예 새바라야 사바하 니라간타야 사바하
바라하 목카싱하 목카야 사바하 바나마 하따야 사바하
자가라 욕다야 사바하 상카섭나녜 모다나야 사바하 마
하라 구타다라야 사바하 바마사간타 니사 시체다 가릿
나 이나야 사바하 먀가라 잘마 이바사나야 사바하
『나모라 다나다라 야야 나막알야 바로기제 새바라야
사바하   나모라 다나다라 야야 나막알야 바로기제 새
바라야 사바하   나모라 다나다라 야야 나막알야 바로
기제 새바라야 사바하』

신묘장구대다라니 나모라 다나다라 야야
나막알약 바로기제 새바라야 모지사다바야
마하 사다바야 마하가로 니가야 옴살바 바예수
다라나 가라야 다사명 나막가리다바 이맘알야 바로기
제 새바라 다바 니라간타 나막하리나야 마발다 이사미
살발타 사다남 수반 아예염 살바 보다남 바바말아 미수
다감 다냐타 옴 아로계 아로가 마지로가 지가란제 혜혜
하례 마하모지 사다바 사마라 사마라 하리나야 구로구
로 갈마 사다야 사다야 도로도로 미연제 마하미연제 다
라다라 다린나례 새바라 자라자라 마라 미마라 아마라
몰제예 혜혜로계 새바라 라아미사미 나사야 나베 사미
사미 나사야 모하자라 미사미 나사야 호로호로 마라호
로 하례 바나마 나바 사라사라 시리시리 소로소로 못자
못자 모다야 모다야 매다리야 니라간타 가마사 날사남
바라 하리나야 마낙 사바하 싯다야 사바하 마하싯다야
사바하 싯다유예 새바라야 사바하 니라간타야 사바하
바라하 목카싱하 목카야 사바하 바나마 하따야 사바하
자가라 욕다야 사바하 상카섭나녜 모다나야 사바하 마
하라 구타다라야 사바하 바마사간타 니사 시체다 가릿
나 이나야 사바하 먀가라 잘마 이바사나야 사바하
『나모라 다나다라 야야 나막알야 바로기제 새바라야
사바하 나모라 다나다라 야야 나막알야 바로기제 새
바라야 사바하 나모라 다나다라 야야 나막알야 바로
기제 새바라야 사바하』

신묘장구대다라니 나모라 다나다라 야야
나막알약 바로기제 새바라야 모지사다바야
마하 사다바야 마하가로 니가야 옴살바 바예수
다라나 가라야 다사명 나막가리다바 이맘알야 바로기
제 새바라 다바 니라간타 나막하리나야 마발다 이사미
살발타 사다남 수반 아예염 살바 보다남 바바말아 미수
다감 다냐타 옴 아로계 아로가 마지로가 지가란제 혜혜
하례 마하모지 사다바 사마라 사마라 하리나야 구로구
로 갈마 사다야 사다야 도로도로 미연제 마하미연제 다
라다라 다린나례 새바라 자라자라 마라 미마라 아마라
몰제예 혜혜로계 새바라 라아미사미 나사야 나베 사미
사미 나사야 모하자라 미사미 나사야 호로호로 마라호
로 하례 바나마 나바 사라사라 시리시리 소로소로 못자
못자 모다야 모다야 매다리야 니라간타 가마사 날사남
바라 하리나야 마낙 사바하 싯다야 사바하 마하싯다야
사바하 싯다유예 새바라야 사바하 니라간타야 사바하
바라하 목카싱하 목카야 사바하 바나마 하따야 사바하
자가라 욕다야 사바하 상카섭나녜 모다나야 사바하 마
하라 구타다라야 사바하 바마사간타 니사 시체다 가릿
나 이나야 사바하 먀가라 잘마 이바사나야 사바하
『나모라 다나다라 야야 나막알야 바로기제 새바라야
사바하   나모라 다나다라 야야 나막알야 바로기제 새
바라야 사바하   나모라 다나다라 야야 나막알야 바로
기제 새바라야 사바하』

신묘장구대다라니 나모라 다나다라 야야
나막알약 바로기제 새바라야 모지사다바야
마하 사다바야 마하가로 니가야 옴살바 바예수
다라나 가라야 다사명 나막가리다바 이맘알야 바로기
제 새바라 다바 니라간타 나막하리나야 마발다 이사미
살발타 사다남 수반 아예염 살바 보다남 바바말아 미수
다감 다냐타 옴 아로계 아로가 마지로가 지가란제 혜혜
하례 마하모지 사다바 사마라 사마라 하리나야 구로구
로 갈마 사다야 사다야 도로도로 미연제 마하미연제 다
라다라 다린나례 새바라 자라자라 마라 미마라 아마라
몰제예 혜혜로계 새바라 라아미사미 나사야 나베 사미
사미 나사야 모하자라 미사미 나사야 호로호로 마라호
로 하례 바나마 나바 사라사라 시리시리 소로소로 못자
못자 모다야 모다야 매다리야 니라간타 가마사 날사남
바라 하리나야 마낙 사바하 싯다야 사바하 마하싯다야
사바하 싯다유예 새바라야 사바하 니라간타야 사바하
바라하 목카싱하 목카야 사바하 바나마 하따야 사바하
자가라 욕다야 사바하 상카섭나네 모다나야 사바하 마
하라 구타다라야 사바하 바마사간타 니사 시체다 가릿
나 이나야 사바하 먀가라 잘마 이바사나야 사바하
『나모라 다나다라 야야 나막알야 바로기제 새바라야
사바하 나모라 다나다라 야야 나막알야 바로기제 새
바라야 사바하 나모라 다나다라 야야 나막알야 바로
기제 새바라야 사바하』

신묘장구대다라니 나모라 다나다라 야야
나막알약 바로기제 새바라야 모지사다바야
마하 사다바야 마하가로 니가야 옴살바 바예수
다라나 가라야 다사명 나막가리다바 이맘알야 바로기
제 새바라 다바 니라간타 나막하리나야 마발다 이사미
살발타 사다남 수반 아예염 살바 보다남 바바말아 미수
다감 다냐타 옴 아로계 아로가 마지로가 지가란제 혜혜
하례 마하모지 사다바 사마라 사마라 하리나야 구로구
로 갈마 사다야 사다야 도로도로 미연제 마하미연제 다
라다라 다린나례 새바라 자라자라 마라 미마라 아마라
몰제예 혜혜로계 새바라 라아미사미 나사야 나베 사미
사미 나사야 모하자라 미사미 나사야 호로호로 마라호
로 하례 바나마 나바 사라사라 시리시리 소로소로 못자
못자 모다야 모다야 매다리야 니라간타 가마사 날사남
바라 하리나야 마낙 사바하 싯다야 사바하 마하싯다야
사바하 싯다유예 새바라야 사바하 니라간타야 사바하
바라하 목카싱하 목카야 사바하 바나마 하따야 사바하
자가라 욕다야 사바하 상카섭나녜 모다나야 사바하 마
하라 구타다라야 사바하 바마사간타 니사 시체다 가릿
나 이나야 사바하 먀가라 잘마 이바사나야 사바하
『나모라 다나다라 야야 나막알야 바로기제 새바라야
사바하   나모라 다나다라 야야 나막알야 바로기제 새
바라야 사바하   나모라 다나다라 야야 나막알야 바로
기제 새바라야 사바하』

신묘장구대다라니 나모라 다나다라 야야
나막알약 바로기제 새바라야 모지사다바야
마하 사다바야 마하가로 니가야 옴살바 바예수
다라나 가라야 다사명 나막가리다바 이맘알야 바로기
제 새바라 다바 니라간타 나막하리나야 마발다 이사미
살발타 사다남 수반 아예염 살바 보다남 바바말아 미수
다감 다냐타 옴 아로계 아로가 마지로가 지가란제 혜혜
하례 마하모지 사다바 사마라 사마라 하리나야 구로구
로 갈마 사다야 사다야 도로도로 미연제 마하미연제 다
라다라 다린나례 새바라 자라자라 마라 미마라 아마라
몰제예 혜혜로계 새바라 라아미사미 나사야 나베 사미
사미 나사야 모하자라 미사미 나사야 호로호로 마라호
로 하례 바나마 나바 사라사라 시리시리 소로소로 못자
못자 모다야 모다야 매다리야 니라간타 가마사 날사남
바라 하리나야 마낙 사바하 싯다야 사바하 마하싯다야
사바하 싯다유예 새바라야 사바하 니라간타야 사바하
바라하 목카싱하 목카야 사바하 바나마 하따야 사바하
자가라 욕다야 사바하 상카섭나녜 모다나야 사바하 마
하라 구타다라야 사바하 바마사간타 니사 시체다 가릿
나 이나야 사바하 먀가라 잘마 이바사나야 사바하
『나모라 다나다라 야야 나막알야 바로기제 새바라야
사바하   나모라 다나다라 야야 나막알야 바로기제 새
바라야 사바하   나모라 다나다라 야야 나막알야 바로
기제 새바라야 사바하』

신묘장구대다라니 나모라 다나다라 야야
나막알약 바로기제 새바라야 모지사다바야
마하 사다바야 마하가로 니가야 옴살바 바예수
다라나 가라야 다사명 나막가리다바 이맘알야 바로기
제 새바라 다바 니라간타 나막하리나야 마발다 이사미
살발타 사다남 수반 아예염 살바 보다남 바바말아 미수
다감 다냐타 옴 아로계 아로가 마지로가 지가란제 혜혜
하례 마하모지 사다바 사마라 사마라 하리나야 구로구
로 갈마 사다야 사다야 도로도로 미연제 마하미연제 다
라다라 다린나례 새바라 자라자라 마라 미마라 아마라
몰제예 혜혜로계 새바라 라아미사미 나사야 나베 사미
사미 나사야 모하자라 미사미 나사야 호로호로 마라호
로 하례 바나마 나바 사라사라 시리시리 소로소로 못자
못자 모다야 모다야 매다리야 니라간타 가마사 날사남
바라 하리나야 마낙 사바하 싯다야 사바하 마하싯다야
사바하 싯다유예 새바라야 사바하 니라간타야 사바하
바라하 목카싱하 목카야 사바하 바나마 하따야 사바하
자가라 욕다야 사바하 상카섭나녜 모다나야 사바하 마
하라 구타다라야 사바하 바마사간타 니사 시체다 가릿
나 이나야 사바하 마가라 잘마 이바사나야 사바하
『나모라 다나다라 야야 나막알야 바로기제 새바라야
사바하   나모라 다나다라 야야 나막알야 바로기제 새
바라야 사바하   나모라 다나다라 야야 나막알야 바로
기제 새바라야 사바하』

신묘장구대다라니 나모라 다나다라 야야
나막알약 바로기제 새바라야 모지사다바야
마하 사다바야 마하가로 니가야 옴살바 바예수
다라나 가라야 다사명 나막가리다바 이맘알야 바로기
제 새바라 다바 니라간타 나막하리나야 마발다 이사미
살발타 사다남 수반 아예염 살바 보다남 바바말아 미수
다감 다냐타 옴 아로계 아로가 마지로가 지가란제 혜혜
하례 마하모지 사다바 사마라 사마라 하리나야 구로구
로 갈마 사다야 사다야 도로도로 미연제 마하미연제 다
라다라 다린나례 새바라 자라자라 마라 미마라 아마라
몰제예 혜혜로계 새바라 라아미사미 나사야 나베 사미
사미 나사야 모하자라 미사미 나사야 호로호로 마라호
로 하례 바나마 나바 사라사라 시리시리 소로소로 못자
못자 모다야 모다야 매다리야 니라간타 가마사 날사남
바라 하리나야 마낙 사바하 싯다야 사바하 마하싯다야
사바하 싯다유예 새바라야 사바하 니라간타야 사바하
바라하 목카싱하 목카야 사바하 바나마 하따야 사바하
자가라 욕다야 사바하 상카섭나녜 모다나야 사바하 마
하라 구타다라야 사바하 바마사간타 니사 시체다 가릿
나 이나야 사바하 먀가라 잘마 이바사나야 사바하
『나모라 다나다라 야야 나막알야 바로기제 새바라야
사바하   나모라 다나다라 야야 나막알야 바로기제 새
바라야 사바하   나모라 다나다라 야야 나막알야 바로
기제 새바라야 사바하』

신묘장구대다라니 나모라 다나다라 야야
나막알약 바로기제 새바라야 모지사다바야
마하 사다바야 마하가로 니가야 옴살바 바예수
다라니 가라야 다사명 나막가리다바 이맘알야 바로기
제 새바라 다바 니라간타 나막하리나야 마발다 이사미
살발타 사다남 수반 아예염 살바 보다남 바바말아 미수
다감 다냐타 옴 아로계 아로가 마지로가 지가란제 혜혜
하례 마하모지 사다바 사마라 사마라 하리나야 구로구
로 갈마 사다야 사다야 도로도로 미연제 마하미연제 다
라다라 다린나례 새바라 자라자라 마라 미마라 아마라
몰제예 혜혜로계 새바라 라아미사미 나사야 나베 사미
사미 나사야 모하자라 미사미 나사야 호로호로 마라호
로 하례 바나마 나바 사라사라 시리시리 소로소로 못자
못자 모다야 모다야 매다리야 니라간타 가마사 날사남
바라 하리나야 마낙 사바하 싯다야 사바하 마하싯다야
사바하 싯다유예 새바라야 사바하 니라간타야 사바하
바라하 목카싱하 목카야 사바하 바나마 하따야 사바하
자가라 욕다야 사바하 상카섭나녜 모다나야 사바하 마
하라 구타다라야 사바하 바마사간타 니사 시체다 가릿
나 이나야 사바하 먀가라 잘마 이바사나야 사바하
『나모라 다나다라 야야 나막알야 바로기제 새바라야
사바하   나모라 다나다라 야야 나막알야 바로기제 새
바라야 사바하   나모라 다나다라 야야 나막알야 바로
기제 새바라야 사바하』

신묘장구대다라니 나모라 다나다라 야야
나막알약 바로기제 새바라야 모지사다바야
마하 사다바야 마하가로 니가야 옴살바 바예수
다라나 가라야 다사명 나막가리다바 이맘알야 바로기
제 새바라 다바 니라간타 나막하리나야 마발다 이사미
살발타 사다남 수반 아예염 살바 보다남 바바말아 미수
다감 다냐타 옴 아로계 아로가 마지로가 지가란제 혜혜
하례 마하모지 사다바 사마라 사마라 하리나야 구로구
로 갈마 사다야 사다야 도로도로 미연제 마하미연제 다
라다라 다린나례 새바라 자라자라 마라 미마라 아마라
몰제예 혜혜로계 새바라 라아미사미 나사야 나베 사미
사미 나사야 모하자라 미사미 나사야 호로호로 마라호
로 하례 바나마 나바 사라사라 시리시리 소로소로 못자
못자 모다야 모다야 매다리야 니라간타 가마사 날사남
바라 하리나야 마낙 사바하 싯다야 사바하 마하싯다야
사바하 싯다유예 새바라야 사바하 니라간타야 사바하
바라하 목카싱하 목카야 사바하 바나마 하따야 사바하
자가라 욕다야 사바하 상카섭나녜 모다나야 사바하 마
하라 구타다라야 사바하 바마사간타 니사 시체다 가릿
나 이나야 사바하 먀가라 잘마 이바사나야 사바하
『나모라 다나다라 야야 나막알야 바로기제 새바라야
사바하 나모라 다나다라 야야 나막알야 바로기제 새
바라야 사바하 나모라 다나다라 야야 나막알야 바로
기제 새바라야 사바하』

신묘장구대다라니 나모라 다나다라 야야
나막알약 바로기제 새바라야 모지사다바야
마하 사다바야 마하가로 니가야 옴살바 바예수
다라나 가라야 다사명 나막가리다바 이맘알야 바로기
제 새바라 다바 니라간타 나막하리나야 마발다 이사미
살발타 사다남 수반 아예염 살바 보다남 바바말아 미수
다감 다냐타 옴 아로계 아로가 마지로가 지가란제 혜혜
하례 마하모지 사다바 사마라 사마라 하리나야 구로구
로 갈마 사다야 사다야 도로도로 미연제 마하미연제 다
라다라 다린나례 새바라 자라자라 마라 미마라 아마라
몰제예 혜혜로계 새바라 라아미사미 나사야 나베 사미
사미 나사야 모하자라 미사미 나사야 호로호로 마라호
로 하례 바나마 나바 사라사라 시리시리 소로소로 못자
못자 모다야 모다야 매다리야 니라간타 가마사 날사남
바라 하리나야 마낙 사바하 싯다야 사바하 마하싯다야
사바하 싯다유예 새바라야 사바하 니라간타야 사바하
바라하 목카싱하 목카야 사바하 바나마 하따야 사바하
자가라 욕다야 사바하 상카섭나녜 모다나야 사바하 마
하라 구타다라야 사바하 바마사간타 니사 시체다 가릿
나 이나야 사바하 먀가라 잘마 이바사나야 사바하
『나모라 다나다라 야야 나막알야 바로기제 새바라야
사바하   나모라 다나다라 야야 나막알야 바로기제 새
바라야 사바하   나모라 다나다라 야야 나막알야 바로
기제 새바라야 사바하』

신묘장구대다라니 나모라 다나다라 야야
나막알약 바로기제 새바라야 모지사다바야
마하 사다바야 마하가로 니가야 옴살바 바예수
다라나 가라야 다사명 나막가리다바 이맘알야 바로기
제 새바라 다바 니라간타 나막하리나야 마발다 이사미
살발타 사다남 수반 아예염 살바 보다남 바바말아 미수
다감 다냐타 옴 아로계 아로가 마지로가 지가란제 혜혜
하례 마하모지 사다바 사마라 사마라 하리나야 구로구
로 갈마 사다야 사다야 도로도로 미연제 마하미연제 다
라다라 다린나례 새바라 자라자라 마라 미마라 아마라
몰제예 혜혜로계 새바라 라아미사미 나사야 나베 사미
사미 나사야 모하자라 미사미 나사야 호로호로 마라호
로 하례 바나마 나바 사라사라 시리시리 소로소로 못자
못자 모다야 모다야 매다리야 니라간타 가마사 날사남
바라 하리나야 마낙 사바하 싯다야 사바하 마하싯다야
사바하 싯다유예 새바라야 사바하 니라간타야 사바하
바라하 목카싱하 목카야 사바하 바나마 하따야 사바하
자가라 욕다야 사바하 상카섭나네 모다나야 사바하 마
하라 구타다라야 사바하 바마사간타 니사 시체다 가릿
나 이나야 사바하 먀가라 잘마 이바사나야 사바하
『나모라 다나다라 야야 나막알야 바로기제 새바라야
사바하   나모라 다나다라 야야 나막알야 바로기제 새
바라야 사바하   나모라 다나다라 야야 나막알야 바로
기제 새바라야 사바하』

신묘장구대다라니 나모라 다나다라 야야
나막알약 바로기제 새바라야 모지사다바야
마하 사다바야 마하가로 니가야 옴살바 바예수
다라나 가라야 다사명 나막가리다바 이맘알야 바로기
제 새바라 다바 니라간타 나막하리나야 마발다 이사미
살발타 사다남 수반 아예염 살바 보다남 바바말아 미수
다감 다냐타 옴 아로계 아로가 마지로가 지가란제 혜혜
하례 마하모지 사다바 사마라 사마라 하리나야 구로구
로 갈마 사다야 사다야 도로도로 미연제 마하미연제 다
라다라 다린나례 새바라 자라자라 마라 미마라 아마라
몰제예 혜혜로계 새바라 라아미사미 나사야 나베 사미
사미 나사야 모하자라 미사미 나사야 호로호로 마라호
로 하례 바나마 나바 사라사라 시리시리 소로소로 못자
못자 모다야 모다야 매다리야 니라간타 가마사 날사남
바라 하리나야 마낙 사바하 싯다야 사바하 마하싯다야
사바하 싯다유예 새바라야 사바하 니라간타야 사바하
바라하 목카싱하 목카야 사바하 바나마 하따야 사바하
자가라 욕다야 사바하 상카섭나녜 모다나야 사바하 마
하라 구타다라야 사바하 바마사간타 니사 시체다 가릿
나 이나야 사바하 먀가라 잘마 이바사나야 사바하
『나모라 다나다라 야야 나막알야 바로기제 새바라야
사바하   나모라 다나다라 야야 나막알야 바로기제 새
바라야 사바하   나모라 다나다라 야야 나막알야 바로
기제 새바라야 사바하』

신묘장구대다라니 나모라 다나다라 야야
나막알약 바로기제 새바라야 모지사다바야
마하 사다바야 마하가로 니가야 옴살바 바예수
다라나 가라야 다사명 나막가리다바 이맘알야 바로기
제 새바라 다바 니라간타 나막하리나야 마발다 이사미
살발타 사다남 수반 아예염 살바 보다남 바바말아 미수
다감 다냐타 옴 아로계 아로가 마지로가 지가란제 혜혜
하례 마하모지 사다바 사마라 사마라 하리나야 구로구
로 갈마 사다야 사다야 도로도로 미연제 마하미연제 다
라다라 다린나례 새바라 자라자라 마라 미마라 아마라
몰제예 혜혜로계 새바라 라아미사미 나사야 나베 사미
사미 나사야 모하자라 미사미 나사야 호로호로 마라호
로 하례 바나마 나바 사라사라 시리시리 소로소로 못자
못자 모다야 모다야 매다리야 니라간타 가마사 날사남
바라 하리나야 마낙 사바하 싯다야 사바하 마하싯다야
사바하 싯다유예 새바라야 사바하 니라간타야 사바하
바라하 목카싱하 목카야 사바하 바나마 하따야 사바하
자가라 욕다야 사바하 상카섭나녜 모다나야 사바하 마
하라 구타다라야 사바하 바마사간타 니사 시체다 가릿
나 이나야 사바하 먀가라 잘마 이바사나야 사바하
『나모라 다나다라 야야 나막알야 바로기제 새바라야
사바하   나모라 다나다라 야야 나막알야 바로기제 새
바라야 사바하   나모라 다나다라 야야 나막알야 바로
기제 새바라야 사바하』

신묘장구대다라니 나모라 다나다라 야야
나막알약 바로기제 새바라야 모지사다바야
마하 사다바야 마하가로 니가야 옴살바 바예수
다라나 가라야 다사명 나막가리다바 이맘알야 바로기
제 새바라 다바 니라간타 나막하리나야 마발다 이사미
살발타 사다남 수반 아예염 살바 보다남 바바말아 미수
다감 다냐타 옴 아로계 아로가 마지로가 지가란제 혜혜
하례 마하모지 사다바 사마라 사마라 하리나야 구로구
로 갈마 사다야 사다야 도로도로 미연제 마하미연제 다
라다라 다린나례 새바라 자라자라 마라 미마라 아마라
몰제예 혜혜로계 새바라 라아미사미 나사야 나베 사미
사미 나사야 모하자라 미사미 나사야 호로호로 마라호
로 하례 바나마 나바 사라사라 시리시리 소로소로 못자
못자 모다야 모다야 매다리야 니라간타 가마사 날사남
바라 하리나야 마낙 사바하 싯다야 사바하 마하싯다야
사바하 싯다유예 새바라야 사바하 니라간타야 사바하
바라하 목카싱하 목카야 사바하 바나마 하따야 사바하
자가라 욕다야 사바하 상카섭나녜 모다나야 사바하 마
하라 구타다라야 사바하 바마사간타 니사 시체다 가릿
나 이나야 사바하 먀가라 잘마 이바사나야 사바하
『나모라 다나다라 야야 나막알야 바로기제 새바라야
사바하   나모라 다나다라 야야 나막알야 바로기제 새
바라야 사바하   나모라 다나다라 야야 나막알야 바로
기제 새바라야 사바하』

불기 25　　년　　월　　일　　요일

신묘장구대다라니 나모라 다나다라 야야
나막알약 바로기제 새바라야 모지사다바야
마하 사다바야 마하가로 니가야 옴살바 바예수
다라나 가라야 다사명 나막가리다바 이맘알야 바로기
제 새바라 다바 니라간타 나막하리나야 마발다 이사미
살발타 사다남 수반 아예염 살바 보다남 바바말아 미수
다감 다냐타 옴 아로계 아로가 마지로가 지가란제 혜혜
하례 마하모지 사다바 사마라 사마라 하리나야 구로구
로 갈마 사다야 사다야 도로도로 미연제 마하미연제 다
라다라 다린나례 새바라 자라자라 마라 미마라 아마라
몰제예 혜혜로계 새바라 라아미사미 나사야 나베 사미
사미 나사야 모하자라 미사미 나사야 호로호로 마라호
로 하례 바나마 나바 사라사라 시리시리 소로소로 못자
못자 모다야 모다야 매다리야 니라간타 가마사 날사남
바라 하리나야 마낙 사바하 싯다야 사바하 마하싯다야
사바하 싯다유예 새바라야 사바하 니라간타야 사바하
바라하 목카싱하 목카야 사바하 바나마 하따야 사바하
자가라 욕다야 사바하 상카섭나네 모다나야 사바하 마
하라 구타다라야 사바하 바마사간타 니사 시체다 가릿
나 이나야 사바하 먀가라 잘마 이바사나야 사바하
『나모라 다나다라 야야 나막알야 바로기제 새바라야
사바하　나모라 다나다라 야야 나막알야 바로기제 새
바라야 사바하　나모라 다나다라 야야 나막알야 바로
기제 새바라야 사바하』

신묘장구대다라니 나모라 다나다라 야야
나막알약 바로기제 새바라야 모지사다바야
마하 사다바야 마하가로 니가야 옴살바 바예수
다라나 가라야 다사명 나막가리다바 이맘알야 바로기
제 새바라 다바 니라간타 나막하리나야 마발다 이사미
살발타 사다남 수반 아예염 살바 보다남 바바말아 미수
다감 다냐타 옴 아로계 아로가 마지로가 지가란제 혜혜
하례 마하모지 사다바 사마라 사마라 하리나야 구로구
로 갈마 사다야 사다야 도로도로 미연제 마하미연제 다
라다라 다린나례 새바라 자라자라 마라 미마라 아마라
몰제예 혜혜로계 새바라 라아미사미 나사야 나베 사미
사미 나사야 모하자라 미사미 나사야 호로호로 마라호
로 하례 바나마 나바 사라사라 시리시리 소로소로 못자
못자 모다야 모다야 매다리야 니라간타 가마사 날사남
바라 하리나야 마낙 사바하 싯다야 사바하 마하싯다야
사바하 싯다유예 새바라야 사바하 니라간타야 사바하
바라하 목카싱하 목카야 사바하 바나마 하따야 사바하
자가라 욕다야 사바하 상카섭나녜 모다나야 사바하 마
하라 구타다라야 사바하 바마사간타 니사 시체다 가릿
나 이나야 사바하 먀가라 잘마 이바사나야 사바하
『나모라 다나다라 야야 나막알야 바로기제 새바라야
사바하   나모라 다나다라 야야 나막알야 바로기제 새
바라야 사바하   나모라 다나다라 야야 나막알야 바로
기제 새바라야 사바하』

신묘장구대다라니 나모라 다나다라 야야
나막알약 바로기제 새바라야 모지사다바야
마하 사다바야 마하가로 니가야 옴살바 바예수
다라나 가라야 다사명 나막가리다바 이맘알야 바로기
제 새바라 다바 니라간타 나막하리나야 마발다 이사미
살발타 사다남 수반 아예염 살바 보다남 바바말아 미수
다감 다냐타 옴 아로계 아로가 마지로가 지가란제 혜혜
하례 마하모지 사다바 사마라 사마라 하리나야 구로구
로 갈마 사다야 사다야 도로도로 미연제 마하미연제 다
라다라 다린나례 새바라 자라자라 마라 미마라 아마라
몰제예 혜혜로계 새바라 라아미사미 나사야 나베 사미
사미 나사야 모하자라 미사미 나사야 호로호로 마라호
로 하례 바나마 나바 사라사라 시리시리 소로소로 못자
못자 모다야 모다야 매다리야 니라간타 가마사 날사남
바라 하리나야 마낙 사바하 싯다야 사바하 마하싯다야
사바하 싯다유예 새바라야 사바하 니라간타야 사바하
바라하 목카싱하 목카야 사바하 바나마 하따야 사바하
자가라 욕다야 사바하 상카섭나네 모다나야 사바하 마
하라 구타다라야 사바하 바마사간타 니사 시체다 가릿
나 이나야 사바하 먀가라 잘마 이바사나야 사바하
『나모라 다나다라 야야 나막알야 바로기제 새바라야
사바하   나모라 다나다라 야야 나막알야 바로기제 새
바라야 사바하   나모라 다나다라 야야 나막알야 바로
기제 새바라야 사바하』

신묘장구대다라니 나모라 다나다라 야야
나막알약 바로기제 새바라야 모지사다바야
마하 사다바야 마하가로 니가야 옴살바 바예수
다라나 가라야 다사명 나막가리다바 이맘알야 바로기
제 새바라 다바 니라간타 나막하리나야 마발다 이사미
살발타 사다남 수반 아예염 살바 보다남 바바말아 미수
다감 다냐타 옴 아로게 아로가 마지로가 지가란제 혜혜
하례 마하모지 사다바 사마라 사마라 하리나야 구로구
로 갈마 사다야 사다야 도로도로 미연제 마하미연제 다
라다라 다린나례 새바라 자라자라 마라 미마라 아마라
몰제예 혜혜로계 새바라 라아미사미 나사야 나베 사미
사미 나사야 모하자라 미사미 나사야 호로호로 마라호
로 하례 바나마 나바 사라사라 시리시리 소로소로 못자
못자 모다야 모다야 매다리야 니라간타 가마사 날사남
바라 하리나야 마낙 사바하 싯다야 사바하 마하싯다야
사바하 싯다유예 새바라야 사바하 니라간타야 사바하
바라하 목카싱하 목카야 사바하 바나마 하따야 사바하
자가라 욕다야 사바하 상카섭나녜 모다나야 사바하 마
하라 구타다라야 사바하 바마사간타 니사 시체다 가릿
나 이나야 사바하 먀가라 잘마 이바사나야 사바하
『나모라 다나다라 야야 나막알야 바로기제 새바라야
사바하   나모라 다나다라 야야 나막알야 바로기제 새
바라야 사바하   나모라 다나다라 야야 나막알야 바로
기제 새바라야 사바하』

신묘장구대다라니 나모라 다나다라 야야
나막알약 바로기제 새바라야 모지사다바야
마하 사다바야 마하가로 니가야 옴살바 바예수
다라나 가라야 다사명 나막가리다바 이맘알야 바로기
제 새바라 다바 니라간타 나막하리나야 마발다 이사미
살발타 사다남 수반 아예염 살바 보다남 바바말아 미수
다감 다냐타 옴 아로계 아로가 마지로가 지가란제 혜혜
하례 마하모지 사다바 사마라 사마라 하리나야 구로구
로 갈마 사다야 사다야 도로도로 미연제 마하미연제 다
라다라 다린나례 새바라 자라자라 마라 미마라 아마라
몰제예 혜혜로계 새바라 라아미사미 나사야 나베 사미
사미 나사야 모하자라 미사미 나사야 호로호로 마라호
로 하례 바나마 나바 사라사라 시리시리 소로소로 못자
못자 모다야 모다야 매다리야 니라간타 가마사 날사남
바라 하리나야 마낙 사바하 싯다야 사바하 마하싯다야
사바하 싯다유예 새바라야 사바하 니라간타야 사바하
바라하 목카싱하 목카야 사바하 바나마 하따야 사바하
자가라 욕다야 사바하 상카섭나녜 모다나야 사바하 마
하라 구타다라야 사바하 바마사간타 니사 시체다 가릿
나 이나야 사바하 먀가라 잘마 이바사나야 사바하
『나모라 다나다라 야야 나막알야 바로기제 새바라야
사바하   나모라 다나다라 야야 나막알야 바로기제 새
바라야 사바하   나모라 다나다라 야야 나막알야 바로
기제 새바라야 사바하』

신묘장구대다라니 나모라 다나다라 야야
나막알약 바로기제 새바라야 모지사다바야
마하 사다바야 마하가로 니가야 옴살바 바예수
다라나 가라야 다사명 나막가리다바 이맘알야 바로기
제 새바라 다바 니라간타 나막하리나야 마발다 이사미
살발타 사다남 수반 아예염 살바 보다남 바바말아 미수
다감 다냐타 옴 아로계 아로가 마지로가 지가란제 혜혜
하례 마하모지 사다바 사마라 사마라 하리나야 구로구
로 갈마 사다야 사다야 도로도로 미연제 마하미연제 다
라다라 다린나례 새바라 자라자라 마라 미마라 아마라
몰제예 혜혜로계 새바라 라아미사미 나사야 나베 사미
사미 나사야 모하자라 미사미 나사야 호로호로 마라호
로 하례 바나마 나바 사라사라 시리시리 소로소로 못자
못자 모다야 모다야 매다리야 니라간타 가마사 날사남
바라 하리나야 마낙 사바하 싯다야 사바하 마하싯다야
사바하 싯다유예 새바라야 사바하 니라간타야 사바하
바라하 목카싱하 목카야 사바하 바나마 하따야 사바하
자가라 욕다야 사바하 상카섭나녜 모다나야 사바하 마
하라 구타다라야 사바하 바마사간타 니사 시체다 가릿
나 이나야 사바하 먀가라 잘마 이바사나야 사바하
『나모라 다나다라 야야 나막알야 바로기제 새바라야
사바하 나모라 다나다라 야야 나막알야 바로기제 새
바라야 사바하 나모라 다나다라 야야 나막알야 바로
기제 새바라야 사바하』

신묘장구대다라니 나모라 다나다라 야야
나막알약 바로기제 새바라야 모지사다바야
마하 사다바야 마하가로 니가야 옴살바 바예수
다라니 가라야 다사명 나막가리다바 이맘알야 바로기
제 새바라 다바 니라간타 나막하리나야 마발다 이사미
살발타 사다남 수반 아예염 살바 보다남 바바말아 미수
다감 다냐타 옴 아로계 아로가 마지로가 지가란제 혜혜
하례 마하모지 사다바 사마라 사마라 하리나야 구로구
로 갈마 사다야 사다야 도로도로 미연제 마하미연제 다
라다라 다린나례 새바라 자라자라 마라 미마라 아마라
몰제예 혜혜로계 새바라 라아미사미 나사야 나베 사미
사미 나사야 모하자라 미사미 나사야 호로호로 마라호
로 하례 바나마 나바 사라사라 시리시리 소로소로 못자
못자 모다야 모다야 매다리야 니라간타 가마사 날사남
바라 하리나야 마낙 사바하 싯다야 사바하 마하싯다야
사바하 싯다유예 새바라야 사바하 니라간타야 사바하
바라하 목카싱하 목카야 사바하 바나마 하따야 사바하
자가라 욕다야 사바하 상카섭나녜 모다나야 사바하 마
하라 구타다라야 사바하 바마사간타 니사 시체다 가릿
나 이나야 사바하 먀가라 잘마 이바사나야 사바하
『나모라 다나다라 야야 나막알야 바로기제 새바라야
사바하   나모라 다나다라 야야 나막알야 바로기제 새
바라야 사바하   나모라 다나다라 야야 나막알야 바로
기제 새바라야 사바하』

신묘장구대다라니 나모라 다나다라 야야
나막알약 바로기제 새바라야 모지사다바야
마하 사다바야 마하가로 니가야 옴살바 바예수
다라나 가라야 다사명 나막가리다바 이맘알야 바로기
제 새바라 다바 니라간타 나막하리나야 마발다 이사미
살발타 사다남 수반 아예염 살바 보다남 바바말아 미수
다감 다냐타 옴 아로계 아로가 마지로가 지가란제 혜혜
하례 마하모지 사다바 사마라 사마라 하리나야 구로구
로 갈마 사다야 사다야 도로도로 미연제 마하미연제 다
라다라 다린나례 새바라 자라자라 마라 미마라 아마라
몰제예 혜혜로계 새바라 라아미사미 나사야 나베 사미
사미 나사야 모하자라 미사미 나사야 호로호로 마라호
로 하례 바나마 나바 사라사라 시리시리 소로소로 못자
못자 모다야 모다야 매다리야 니라간타 가마사 날사남
바라 하리나야 마낙 사바하 싯다야 사바하 마하싯다야
사바하 싯다유예 새바라야 사바하 니라간타야 사바하
바라하 목카싱하 목카야 사바하 바나마 하따야 사바하
자가라 욕다야 사바하 상카섭나녜 모다나야 사바하 마
하라 구타다라야 사바하 바마사간타 니사 시체다 가릿
나 이나야 사바하 마가라 잘마 이바사나야 사바하
『나모라 다나다라 야야 나막알야 바로기제 새바라야
사바하   나모라 다나다라 야야 나막알야 바로기제 새
바라야 사바하   나모라 다나다라 야야 나막알야 바로
기제 새바라야 사바하』

신묘장구대다라니 나모라 다나다라 야야
나막알약 바로기제 새바라야 모지사다바야
마하 사다바야 마하가로 니가야 옴살바 바예수
다라나 가라야 다사명 나막가리다바 이맘알야 바로기
제 새바라 다바 니라간타 나막하리나야 마발다 이사미
살발타 사다남 수반 아예염 살바 보다남 바바말아 미수
다감 다냐타 옴 아로계 아로가 마지로가 지가란제 혜혜
하례 마하모지 사다바 사마라 사마라 하리나야 구로구
로 갈마 사다야 사다야 도로도로 미연제 마하미연제 다
라다라 다린나례 새바라 자라자라 마라 미마라 아마라
몰제예 혜혜로계 새바라 라아미사미 나사야 나베 사미
사미 나사야 모하자라 미사미 나사야 호로호로 마라호
로 하례 바나마 나바 사라사라 시리시리 소로소로 못자
못자 모다야 모다야 매다리야 니라간타 가마사 날사남
바라 하리나야 마낙 사바하 싯다야 사바하 마하싯다야
사바하 싯다유예 새바라야 사바하 니라간타야 사바하
바라하 목카싱하 목카야 사바하 바나마 하따야 사바하
자가라 욕다야 사바하 상카섭나녜 모다나야 사바하 마
하라 구타다라야 사바하 바마사간타 니사 시체다 가릿
나 이나야 사바하 먀가라 잘마 이바사나야 사바하
『나모라 다나다라 야야 나막알야 바로기제 새바라야
사바하 나모라 다나다라 야야 나막알야 바로기제 새
바라야 사바하 나모라 다나다라 야야 나막알야 바로
기제 새바라야 사바하』

신묘장구대다라니 나모라 다나다라 야야
나막알약 바로기제 새바라야 모지사다바야
마하 사다바야 마하가로 니가야 옴살바 바예수
다라나 가라야 다사명 나막가리다바 이맘알야 바로기
제 새바라 다바 니라간타 나막하리나야 마발다 이사미
살발타 사다남 수반 아예염 살바 보다남 바바말아 미수
다감 다냐타 옴 아로계 아로가 마지로가 지가란제 혜혜
하례 마하모지 사다바 사마라 사마라 하리나야 구로구
로 갈마 사다야 사다야 도로도로 미연제 마하미연제 다
라다라 다린나례 새바라 자라자라 마라 미마라 아마라
몰제예 혜혜로계 새바라 라아미사미 나사야 나베 사미
사미 나사야 모하자라 미사미 나사야 호로호로 마라호
로 하례 바나마 나바 사라사라 시리시리 소로소로 못자
못자 모다야 모다야 매다리야 니라간타 가마사 날사남
바라 하리나야 마낙 사바하 싯다야 사바하 마하싯다야
사바하 싯다유예 새바라야 사바하 니라간타야 사바하
바라하 목카싱하 목카야 사바하 바나마 하따야 사바하
자가라 욕다야 사바하 상카섭나녜 모다나야 사바하 마
하라 구타다라야 사바하 바마사간타 니사 시체다 가릿
나 이나야 사바하 마가라 잘마 이바사나야 사바하
『나모라 다나다라 야야 나막알야 바로기제 새바라야
사바하 나모라 다나다라 야야 나막알야 바로기제 새
바라야 사바하 나모라 다나다라 야야 나막알야 바로
기제 새바라야 사바하』

신묘장구대다라니 나모라 다나다라 야야
나막알약 바로기제 새바라야 모지사다바야
마하 사다바야 마하가로 니가야 옴살바 바예수
다라나 가라야 다사명 나막가리다바 이맘알야 바로기
제 새바라 다바 니라간타 나막하리나야 마발다 이사미
살발타 사다남 수반 아예염 살바 보다남 바바말아 미수
다감 다냐타 옴 아로계 아로가 마지로가 지가란제 혜혜
하례 마하모지 사다바 사마라 사마라 하리나야 구로구
로 갈마 사다야 사다야 도로도로 미연제 마하미연제 다
라다라 다린나례 새바라 자라자라 마라 미마라 아마라
몰제예 혜혜로계 새바라 라아미사미 나사야 나베 사미
사미 나사야 모하자라 미사미 나사야 호로호로 마라호
로 하례 바나마 나바 사라사라 시리시리 소로소로 못자
못자 모다야 모다야 매다리야 니라간타 가마사 날사남
바라 하리나야 마낙 사바하 싯다야 사바하 마하싯다야
사바하 싯다유예 새바라야 사바하 니라간타야 사바하
바라하 목카싱하 목카야 사바하 바나마 하따야 사바하
자가라 욕다야 사바하 상카섭나녜 모다나야 사바하 마
하라 구타다라야 사바하 바마사간타 니사 시체다 가릿
나 이나야 사바하 먀가라 잘마 이바사나야 사바하
『나모라 다나다라 야야 나막알야 바로기제 새바라야
사바하   나모라 다나다라 야야 나막알야 바로기제 새
바라야 사바하   나모라 다나다라 야야 나막알야 바로
기제 새바라야 사바하』

신묘장구대다라니 나모라 다나다라 야야
나막알약 바로기제 새바라야 모지사다바야
마하 사다바야 마하가로 니가야 옴살바 바예수
다라나 가라야 다사명 나막가리다바 이맘알야 바로기
제 새바라 다바 니라간타 나막하리나야 마발다 이사미
살발타 사다남 수반 아예염 살바 보다남 바바말아 미수
다감 다냐타 옴 아로계 아로가 마지로가 지가란제 혜혜
하례 마하모지 사다바 사마라 사마라 하리나야 구로구
로 갈마 사다야 사다야 도로도로 미연제 마하미연제 다
라다라 다린나례 새바라 자라자라 마라 미마라 아마라
몰제예 혜혜로계 새바라 라아미사미 나사야 나베 사미
사미 나사야 모하자라 미사미 나사야 호로호로 마라호
로 하례 바나마 나바 사라사라 시리시리 소로소로 못자
못자 모다야 모다야 매다리야 니라간타 가마사 날사남
바라 하리나야 마낙 사바하 싯다야 사바하 마하싯다야
사바하 싯다유예 새바라야 사바하 니라간타야 사바하
바라하 목카싱하 목카야 사바하 바나마 하따야 사바하
자가라 욕다야 사바하 상카섭나네 모다나야 사바하 마
하라 구타다라야 사바하 바마사간타 니사 시체다 가릿
나 이나야 사바하 먀가라 잘마 이바사나야 사바하
『나모라 다나다라 야야 나막알야 바로기제 새바라야
사바하   나모라 다나다라 야야 나막알야 바로기제 새
바라야 사바하   나모라 다나다라 야야 나막알야 바로
기제 새바라야 사바하』

신묘장구대다라니 나모라 다나다라 야야
나막알약 바로기제 새바라야 모지사다바야
마하 사다바야 마하가로 니가야 옴살바 바예수
다라나 가라야 다사명 나막가리다바 이맘알야 바로기
제 새바라 다바 니라간타 나막하리나야 마발다 이사미
살발타 사다남 수반 아예염 살바 보다남 바바말아 미수
다감 다냐타 옴 아로계 아로가 마지로가 지가란제 혜혜
하례 마하모지 사다바 사마라 사마라 하리나야 구로구
로 갈마 사다야 사다야 도로도로 미연제 마하미연제 다
라다라 다린나례 새바라 자라자라 마라 미마라 아마라
몰제예 혜혜로계 새바라 라아미사미 나사야 나베 사미
사미 나사야 모하자라 미사미 나사야 호로호로 마라호
로 하례 바나마 나바 사라사라 시리시리 소로소로 못자
못자 모다야 모다야 매다리야 니라간타 가마사 날사남
바라 하리나야 마낙 사바하 싯다야 사바하 마하싯다야
사바하 싯다유예 새바라야 사바하 니라간타야 사바하
바라하 목카싱하 목카야 사바하 바나마 하따야 사바하
자가라 욕다야 사바하 상카섭나녜 모다나야 사바하 마
하라 구타다라야 사바하 바마사간타 니사 시체다 가릿
나 이나야 사바하 먀가라 잘마 이바사나야 사바하
『나모라 다나다라 야야 나막알야 바로기제 새바라야
사바하 나모라 다나다라 야야 나막알야 바로기제 새
바라야 사바하 나모라 다나다라 야야 나막알야 바로
기제 새바라야 사바하』

신묘장구대다라니 나모라 다나다라 야야
나막알약 바로기제 새바라야 모지사다바야
마하 사다바야 마하가로 니가야 옴살바 바예수
다라나 가라야 다사명 나막가리다바 이맘알야 바로기
제 새바라 다바 니라간타 나막하리나야 마발다 이사미
살발타 사다남 수반 아예염 살바 보다남 바바말아 미수
다감 다냐타 옴 아로계 아로가 마지로가 지가란제 혜혜
하례 마하모지 사다바 사마라 사마라 하리나야 구로구
로 갈마 사다야 사다야 도로도로 미연제 마하미연제 다
라다라 다린나례 새바라 자라자라 마라 미마라 아마라
몰제예 혜혜로계 새바라 라아미사미 나사야 나베 사미
사미 나사야 모하자라 미사미 나사야 호로호로 마라호
로 하례 바나마 나바 사라사라 시리시리 소로소로 못자
못자 모다야 모다야 매다리야 니라간타 가마사 날사남
바라 하리나야 마낙 사바하 싯다야 사바하 마하싯다야
사바하 싯다유예 새바라야 사바하 니라간타야 사바하
바라하 목카싱하 목카야 사바하 바나마 하따야 사바하
자가라 욕다야 사바하 상카섭나녜 모다나야 사바하 마
하라 구타다라야 사바하 바마사간타 니사 시체다 가릿
나 이나야 사바하 마가라 잘마 이바사나야 사바하
『나모라 다나다라 야야 나막알야 바로기제 새바라야
사바하   나모라 다나다라 야야 나막알야 바로기제 새
바라야 사바하   나모라 다나다라 야야 나막알야 바로
기제 새바라야 사바하』

신묘장구대다라니 나모라 다나다라 야야
나막알약 바로기제 새바라야 모지사다바야
마하 사다바야 마하가로 니가야 옴살바 바예수
다라니 가라야 다사명 나막가리다바 이맘알야 바로기
제 새바라 다바 니라간타 나막하리나야 마발다 이사미
살발타 사다남 수반 아예염 살바 보다남 바바말아 미수
다감 다냐타 옴 아로계 아로가 마지로가 지가란제 혜혜
하례 마하모지 사다바 사마라 사마라 하리나야 구로구
로 갈마 사다야 사다야 도로도로 미연제 마하미연제 다
라다라 다린나례 새바라 자라자라 마라 미마라 아마라
몰제예 혜혜로계 새바라 라아미사미 나사야 나베 사미
사미 나사야 모하자라 미사미 나사야 호로호로 마라호
로 하례 바나마 나바 사라사라 시리시리 소로소로 못자
못자 모다야 모다야 매다리야 니라간타 가마사 날사남
바라 하리나야 마낙 사바하 싯다야 사바하 마하싯다야
사바하 싯다유예 새바라야 사바하 니라간타야 사바하
바라하 목카싱하 목카야 사바하 바나마 하따야 사바하
자가라 욕다야 사바하 상카섭나네 모다나야 사바하 마
하라 구타다라야 사바하 바마사간타 니사 시체다 가릿
나 이나야 사바하 먀가라 잘마 이바사나야 사바하
『나모라 다나다라 야야 나막알야 바로기제 새바라야
사바하   나모라 다나다라 야야 나막알야 바로기제 새
바라야 사바하   나모라 다나다라 야야 나막알야 바로
기제 새바라야 사바하』

신묘장구대다라니 나모라 다나다라 야야
나막알약 바로기제 새바라야 모지사다바야
마하 사다바야 마하가로 니가야 옴살바 바예수
다라니 가라야 다사명 나막가리다바 이맘알야 바로기
제 새바라 다바 니라간타 나막하리나야 마발다 이사미
살발타 사다남 수반 아예염 살바 보다남 바바말아 미수
다감 다냐타 옴 아로계 아로가 마지로가 지가란제 혜혜
하례 마하모지 사다바 사마라 사마라 하리나야 구로구
로 갈마 사다야 사다야 도로도로 미연제 마하미연제 다
라다라 다린나례 새바라 자라자라 마라 미마라 아마라
몰제예 혜혜로계 새바라 라아미사미 나사야 나베 사미
사미 나사야 모하자라 미사미 나사야 호로호로 마라호
로 하례 바나마 나바 사라사라 시리시리 소로소로 못자
못자 모다야 모다야 매다리야 니라간타 가마사 날사남
바라 하리나야 마낙 사바하 싯다야 사바하 마하싯다야
사바하 싯다유예 새바라야 사바하 니라간타야 사바하
바라하 목카싱하 목카야 사바하 바나마 하따야 사바하
자가라 욕다야 사바하 상카섭나녜 모다나야 사바하 마
하라 구타다라야 사바하 바마사간타 니사 시체다 가릿
나 이나야 사바하 먀가라 잘마 이바사나야 사바하
　『나모라 다나다라 야야 나막알야 바로기제 새바라야
사바하　나모라 다나다라 야야 나막알야 바로기제 새
바라야 사바하　나모라 다나다라 야야 나막알야 바로
기제 새바라야 사바하』

신묘장구대다라니 나모라 다나다라 야야
나막알약 바로기제 새바라야 모지사다바야
마하 사다바야 마하가로 니가야 옴살바 바예수
다라나 가라야 다사명 나막가리다바 이맘알야 바로기
제 새바라 다바 니라간타 나막하리나야 마발다 이사미
살발타 사다남 수반 아예염 살바 보다남 바바말아 미수
다감 다냐타 옴 아로계 아로가 마지로가 지가란제 혜혜
하례 마하모지 사다바 사마라 사마라 하리나야 구로구
로 갈마 사다야 사다야 도로도로 미연제 마하미연제 다
라다라 다린나례 새바라 자라자라 마라 미마라 아마라
몰제예 혜혜로계 새바라 라아미사미 나사야 나베 사미
사미 나사야 모하자라 미사미 나사야 호로호로 마라호
로 하례 바나마 나바 사라사라 시리시리 소로소로 못자
못자 모다야 모다야 매다리야 니라간타 가마사 날사남
바라 하리나야 마낙 사바하 싯다야 사바하 마하싯다야
사바하 싯다유예 새바라야 사바하 니라간타야 사바하
바라하 목카싱하 목카야 사바하 바나마 하따야 사바하
자가라 욕다야 사바하 상카섭나네 모다나야 사바하 마
하라 구타다라야 사바하 바마사간타 니사 시체다 가릿
나 이나야 사바하 먀가라 잘마 이바사나야 사바하
『나모라 다나다라 야야 나막알야 바로기제 새바라야
사바하   나모라 다나다라 야야 나막알야 바로기제 새
바라야 사바하   나모라 다나다라 야야 나막알야 바로
기제 새바라야 사바하』

신묘장구대다라니 나모라 다나다라 야야
나막알약 바로기제 새바라야 모지사다바야
마하 사다바야 마하가로 니가야 옴살바 바예수
다라나 가라야 다사명 나막가리다바 이맘알야 바로기
제 새바라 다바 니라간타 나막하리나야 마발다 이사미
살발타 사다남 수반 아예염 살바 보다남 바바말아 미수
다감 다냐타 옴 아로계 아로가 마지로가 지가란제 혜혜
하례 마하모지 사다바 사마라 사마라 하리나야 구로구
로 갈마 사다야 사다야 도로도로 미연제 마하미연제 다
라다라 다린나례 새바라 자라자라 마라 미마라 아마라
몰제예 혜혜로계 새바라 라아미사미 나사야 나베 사미
사미 나사야 모하자라 미사미 나사야 호로호로 마라호
로 하례 바나마 나바 사라사라 시리시리 소로소로 못자
못자 모다야 모다야 매다리야 니라간타 가마사 날사남
바라 하리나야 마낙 사바하 싯다야 사바하 마하싯다야
사바하 싯다유예 새바라야 사바하 니라간타야 사바하
바라하 목카싱하 목카야 사바하 바나마 하따야 사바하
자가라 욕다야 사바하 상카섭나네 모다나야 사바하 마
하라 구타다라야 사바하 바마사간타 니사 시체다 가릿
나 이나야 사바하 먀가라 잘마 이바사나야 사바하
『나모라 다나다라 야야 나막알야 바로기제 새바라야
사바하   나모라 다나다라 야야 나막알야 바로기제 새
바라야 사바하   나모라 다나다라 야야 나막알야 바로
기제 새바라야 사바하』

신묘장구대다라니 나모라 다나다라 야야
나막알약 바로기제 새바라야 모지사다바야
마하 사다바야 마하가로 니가야 옴살바 바예수
다라나 가라야 다사명 나막가리다바 이맘알야 바로기
제 새바라 다바 니라간타 나막하리나야 마발다 이사미
살발타 사다남 수반 아예염 살바 보다남 바바말아 미수
다감 다냐타 옴 아로계 아로가 마지로가 지가란제 혜혜
하례 마하모지 사다바 사마라 사마라 하리나야 구로구
로 갈마 사다야 사다야 도로도로 미연제 마하미연제 다
라다라 다린나례 새바라 자라자라 마라 미마라 아마라
몰제예 혜혜로계 새바라 라아미사미 나사야 나베 사미
사미 나사야 모하자라 미사미 나사야 호로호로 마라호
로 하례 바나마 나바 사라사라 시리시리 소로소로 못자
못자 모다야 모다야 매다리야 니라간타 가마사 날사남
바라 하리나야 마낙 사바하 싯다야 사바하 마하싯다야
사바하 싯다유예 새바라야 사바하 니라간타야 사바하
바라하 목카싱하 목카야 사바하 바나마 하따야 사바하
자가라 욕다야 사바하 상카섭나녜 모다나야 사바하 마
하라 구타다라야 사바하 바마사간타 니사 시체다 가릿
나 이나야 사바하 먀가라 잘마 이바사나야 사바하
『나모라 다나다라 야야 나막알야 바로기제 새바라야
사바하 나모라 다나다라 야야 나막알야 바로기제 새
바라야 사바하 나모라 다나다라 야야 나막알야 바로
기제 새바라야 사바하』

신묘장구대다라니 나모라 다나다라 야야
나막알약 바로기제 새바라야 모지사다바야
마하 사다바야 마하가로 니가야 옴살바 바예수
다라나 가라야 다사명 나막가리다바 이맘알야 바로기
제 새바라 다바 니라간타 나막하리나야 마발다 이사미
살발타 사다남 수반 아예염 살바 보다남 바바말아 미수
다감 다냐타 옴 아로계 아로가 마지로가 지가란제 혜혜
하례 마하모지 사다바 사마라 사마라 하리나야 구로구
로 갈마 사다야 사다야 도로도로 미연제 마하미연제 다
라다라 다린나례 새바라 자라자라 마라 미마라 아마라
몰제예 혜혜로계 새바라 라아미사미 나사야 나베 사미
사미 나사야 모하자라 미사미 나사야 호로호로 마라호
로 하례 바나마 나바 사라사라 시리시리 소로소로 못자
못자 모다야 모다야 매다리야 니라간타 가마사 날사남
바라 하리나야 마낙 사바하 싯다야 사바하 마하싯다야
사바하 싯다유예 새바라야 사바하 니라간타야 사바하
바라하 목카싱하 목카야 사바하 바나마 하따야 사바하
자가라 욕다야 사바하 상카섭나녜 모다나야 사바하 마
하라 구타다라야 사바하 바마사간타 니사 시체다 가릿
나 이나야 사바하 먀가라 잘마 이바사나야 사바하
『나모라 다나다라 야야 나막알야 바로기제 새바라야
사바하   나모라 다나다라 야야 나막알야 바로기제 새
바라야 사바하   나모라 다나다라 야야 나막알야 바로
기제 새바라야 사바하』

신묘장구대다라니 나모라 다나다라 야야
나막알약 바로기제 새바라야 모지사다바야
마하 사다바야 마하가로 니가야 옴살바 바예수
다라니 가라야 다사명 나막가리다바 이맘알야 바로기
제 새바라 다바 니라간타 나막하리나야 마발다 이사미
살발타 사다남 수반 아예염 살바 보다남 바바말아 미수
다감 다냐타 옴 아로계 아로가 마지로가 지가란제 혜혜
하례 마하모지 사다바 사마라 사마라 하리나야 구로구
로 갈마 사다야 사다야 도로도로 미연제 마하미연제 다
라다라 다린나례 새바라 자라자라 마라 미마라 아마라
몰제예 혜혜로계 새바라 라아미사미 나사야 나베 사미
사미 나사야 모하자라 미사미 나사야 호로호로 마라호
로 하례 바나마 나바 사라사라 시리시리 소로소로 못자
못자 모다야 모다야 매다리야 니라간타 가마사 날사남
바라 하리나야 마낙 사바하 싯다야 사바하 마하싯다야
사바하 싯다유예 새바라야 사바하 니라간타야 사바하
바라하 목카싱하 목카야 사바하 바나마 하따야 사바하
자가라 욕다야 사바하 상카섭나녜 모다나야 사바하 마
하라 구타다라야 사바하 바마사간타 니사 시체다 가릿
나 이나야 사바하 먀가라 잘마 이바사나야 사바하
『나모라 다나다라 야야 나막알야 바로기제 새바라야
사바하   나모라 다나다라 야야 나막알야 바로기제 새
바라야 사바하   나모라 다나다라 야야 나막알야 바로
기제 새바라야 사바하』

신묘장구대다라니 나모라 다나다라 야야
나막알약 바로기제 새바라야 모지사다바야
마하 사다바야 마하가로 니가야 음살바 바예수
다라나 가라야 다사명 나막가리다바 이맘알야 바로기
제 새바라 다바 니라간타 나막하리나야 마발다 이사미
살발타 사다남 수반 아예염 살바 보다남 바바말아 미수
다감 다냐타 옴 아로계 아로가 마지로가 지가란제 혜혜
하례 마하모지 사다바 사마라 사마라 하리나야 구로구
로 갈마 사다야 사다야 도로도로 미연제 마하미연제 다
라다라 다린나례 새바라 자라자라 마라 미마라 아마라
몰제예 혜혜로계 새바라 라아미사미 나사야 나베 사미
사미 나사야 모하자라 미사미 나사야 호로호로 마라호
로 하례 바나마 나바 사라사라 시리시리 소로소로 못자
못자 모다야 모다야 매다리야 니라간타 가마사 날사남
바라 하리나야 마낙 사바하 싯다야 사바하 마하싯다야
사바하 싯다유예 새바라야 사바하 니라간타야 사바하
바라하 목카싱하 목카야 사바하 바나마 하따야 사바하
자가라 욕다야 사바하 상카섭나녜 모다나야 사바하 마
하라 구타다라야 사바하 바마사간타 니사 시체다 가릿
나 이나야 사바하 먀가라 잘마 이바사나야 사바하
『나모라 다나다라 야야 나막알야 바로기제 새바라야
사바하   나모라 다나다라 야야 나막알야 바로기제 새
바라야 사바하   나모라 다나다라 야야 나막알야 바로
기제 새바라야 사바하』

신묘장구대다라니 나모라 다나다라 야야
나막알약 바로기제 새바라야 모지사다바야
마하 사다바야 마하가로 니가야 옴살바 바예수
다라나 가라야 다사명 나막가리다바 이맘알야 바로기
제 새바라 다바 니라간타 나막하리나야 마발다 이사미
살발타 사다남 수반 아예염 살바 보다남 바바말아 미수
다감 다냐타 옴 아로계 아로가 마지로가 지가란제 혜혜
하례 마하모지 사다바 사마라 사마라 하리나야 구로구
로 갈마 사다야 사다야 도로도로 미연제 마하미연제 다
라다라 다린나례 새바라 자라자라 마라 미마라 아마라
몰제예 혜혜로계 새바라 라아미사미 나사야 나베 사미
사미 나사야 모하자라 미사미 나사야 호로호로 마라호
로 하례 바나마 나바 사라사라 시리시리 소로소로 못자
못자 모다야 모다야 매다리야 니라간타 가마사 날사남
바라 하리나야 마낙 사바하 싯다야 사바하 마하싯다야
사바하 싯다유예 새바라야 사바하 니라간타야 사바하
바라하 목카싱하 목카야 사바하 바나마 하따야 사바하
자가라 욕다야 사바하 상카섭나녜 모다나야 사바하 마
하라 구타다라야 사바하 바마사간타 니사 시체다 가릿
나 이나야 사바하 먀가라 잘마 이바사나야 사바하
『나모라 다나다라 야야 나막알야 바로기제 새바라야
사바하   나모라 다나다라 야야 나막알야 바로기제 새
바라야 사바하   나모라 다나다라 야야 나막알야 바로
기제 새바라야 사바하』

신묘장구대다라니 나모라 다나다라 야야
나막알약 바로기제 새바라야 모지사다바야
마하 사다바야 마하가로 니가야 옴살바 바예수
다라나 가라야 다사명 나막가리다바 이맘알야 바로기
제 새바라 다바 니라간타 나막하리나야 마발다 이사미
살발타 사다남 수반 아예염 살바 보다남 바바말아 미수
다감 다냐타 옴 아로계 아로가 마지로가 지가란제 혜혜
하례 마하모지 사다바 사마라 사마라 하리나야 구로구
로 갈마 사다야 사다야 도로도로 미연제 마하미연제 다
라다라 다린나례 새바라 자라자라 마라 미마라 아마라
몰제예 혜혜로계 새바라 라아미사미 나사야 나베 사미
사미 나사야 모하자라 미사미 나사야 호로호로 마라호
로 하례 바나마 나바 사라사라 시리시리 소로소로 못자
못자 모다야 모다야 매다리야 니라간타 가마사 날사남
바라 하리나야 마낙 사바하 싯다야 사바하 마하싯다야
사바하 싯다유예 새바라야 사바하 니라간타야 사바하
바라하 목카싱하 목카야 사바하 바나마 하따야 사바하
자가라 욕다야 사바하 상카섭나녜 모다나야 사바하 마
하라 구타다라야 사바하 바마사간타 니사 시체다 가릿
나 이나야 사바하 먀가라 잘마 이바사나야 사바하
『나모라 다나다라 야야 나막알야 바로기제 새바라야
사바하 나모라 다나다라 야야 나막알야 바로기제 새
바라야 사바하 나모라 다나다라 야야 나막알야 바로
기제 새바라야 사바하』

신묘장구대다라니 나모라 다나다라 야야
나막알약 바로기제 새바라야 모지사다바야
마하 사다바야 마하가로 니가야 옴살바 바예수
다라나 가라야 다사명 나막가리다바 이맘알야 바로기
제 새바라 다바 니라간타 나막하리나야 마발다 이사미
살발타 사다남 수반 아예염 살바 보다남 바바말아 미수
다감 다냐타 옴 아로계 아로가 마지로가 지가란제 혜혜
하례 마하모지 사다바 사마라 사마라 하리나야 구로구
로 갈마 사다야 사다야 도로도로 미연제 마하미연제 다
라다라 다린나례 새바라 자라자라 마라 미마라 아마라
몰제예 혜혜로계 새바라 라아미사미 나사야 나베 사미
사미 나사야 모하자라 미사미 나사야 <u>호로호로 마라호
로 하례 바나마 나바 사라사라 시리시리 소로소로 못자
못자 모다야 모다야 매다리야 니라간타 가마사 날사남
바라 하리나야 마낙 사바하 싯다야 사바하 마하싯다야
사바하 싯다유예 새바라야 사바하 니라간타야 사바하
바라하 목카싱하 목카야 사바하 바나마 하따야 사바하
자가라 욕다야 사바하 상카섭나네 모다나야 사바하 마
하라 구타다라야 사바하 바마사간타 니사 시체다 가릿
나 이나야 사바하 먀가라 잘마 이바사나야 사바하
『나모라 다나다라 야야 나막알야 바로기제 새바라야
사바하   나모라 다나다라 야야 나막알야 바로기제 새
바라야 사바하   나모라 다나다라 야야 나막알야 바로
기제 새바라야 사바하』

신묘장구대다라니 나모라 다나다라 야야
나막알약 바로기제 새바라야 모지사다바야
마하 사다바야 마하가로 니가야 옴살바 바예수
다라나 가라야 다사명 나막가리다바 이맘알야 바로기
제 새바라 다바 니라간타 나막하리나야 마발다 이사미
살발타 사다남 수반 아예염 살바 보다남 바바말아 미수
다감 다냐타 옴 아로계 아로가 마지로가 지가란제 혜혜
하례 마하모지 사다바 사마라 사마라 하리나야 구로구
로 갈마 사다야 사다야 도로도로 미연제 마하미연제 다
라다라 다린나례 새바라 자라자라 마라 미마라 아마라
몰제예 혜혜로계 새바라 라아미사미 나사야 나베 사미
사미 나사야 모하자라 미사미 나사야 호로호로 마라호
로 하례 바나마 나바 사라사라 시리시리 소로소로 못자
못자 모다야 모다야 매다리야 니라간타 가마사 날사남
바라 하리나야 마낙 사바하 싯다야 사바하 마하싯다야
사바하 싯다유예 새바라야 사바하 니라간타야 사바하
바라하 목카싱하 목카야 사바하 바나마 하따야 사바하
자가라 욕다야 사바하 상카섭나네 모다나야 사바하 마
하라 구타다라야 사바하 바마사간타 니사 시체다 가릿
나 이나야 사바하 먀가라 잘마 이바사나야 사바하
『나모라 다나다라 야야 나막알야 바로기제 새바라야
사바하 나모라 다나다라 야야 나막알야 바로기제 새
바라야 사바하 나모라 다나다라 야야 나막알야 바로
기제 새바라야 사바하』

신묘장구대다라니 나모라 다나다라 야야
나막알약 바로기제 새바라야 모지사다바야
마하 사다바야 마하가로 니가야 옴살바 바예수
다라니 가라야 다사명 나막가리다바 이맘알야 바로기
제 새바라 다바 니라간타 나막하리나야 마발다 이사미
살발타 사다남 수반 아예염 살바 보다남 바바말아 미수
다감 다냐타 옴 아로계 아로가 마지로가 지가란제 혜혜
하례 마하모지 사다바 사마라 사마라 하리나야 구로구
로 갈마 사다야 사다야 도로도로 미연제 마하미연제 다
라다라 다린나례 새바라 자라자라 마라 미마라 아마라
몰제예 혜혜로계 새바라 라아미사미 나사야 나베 사미
사미 나사야 모하자라 미사미 나사야 호로호로 마라호
로 하례 바나마 나바 사라사라 시리시리 소로소로 못자
못자 모다야 모다야 매다리야 니라간타 가마사 날사남
바라 하리나야 마낙 사바하 싯다야 사바하 마하싯다야
사바하 싯다유예 새바라야 사바하 니라간타야 사바하
바라하 목카싱하 목카야 사바하 바나마 하따야 사바하
자가라 욕다야 사바하 상카섭나녜 모다나야 사바하 마
하라 구타다라야 사바하 바마사간타 니사 시체다 가릿
나 이나야 사바하 먀가라 잘마 이바사나야 사바하
『나모라 다나다라 야야 나막알야 바로기제 새바라야
사바하 나모라 다나다라 야야 나막알야 바로기제 새
바라야 사바하 나모라 다나다라 야야 나막알야 바로
기제 새바라야 사바하』

신묘장구대다라니 나모라 다나다라 야야
나막알약 바로기제 새바라야 모지사다바야
마하 사다바야 마하가로 니가야 옴살바 바예수
다라나 가라야 다사명 나막가리다바 이맘알야 바로기
제 새바라 다바 니라간타 나막하리나야 마발다 이사미
살발타 사다남 수반 아예염 살바 보다남 바바말아 미수
다감 다냐타 옴 아로계 아로가 마지로가 지가란제 혜혜
하례 마하모지 사다바 사마라 사마라 하리나야 구로구
로 갈마 사다야 사다야 도로도로 미연제 마하미연제 다
라다라 다린나례 새바라 자라자라 마라 미마라 아마라
몰제예 혜혜로계 새바라 라아미사미 나사야 나베 사미
사미 나사야 모하자라 미사미 나사야 호로호로 마라호
로 하례 바나마 나바 사라사라 시리시리 소로소로 못자
못자 모다야 모다야 매다리야 니라간타 가마사 날사남
바라 하리나야 마낙 사바하 싯다야 사바하 마하싯다야
사바하 싯다유예 새바라야 사바하 니라간타야 사바하
바라하 목카싱하 목카야 사바하 바나마 하따야 사바하
자가라 욕다야 사바하 상카섭나녜 모다나야 사바하 마
하라 구타다라야 사바하 바마사간타 니사 시체다 가릿
나 이나야 사바하 먀가라 잘마 이바사나야 사바하
『나모라 다나다라 야야 나막알야 바로기제 새바라야
사바하   나모라 다나다라 야야 나막알야 바로기제 새
바라야 사바하   나모라 다나다라 야야 나막알야 바로
기제 새바라야 사바하』

신묘장구대다라니 나모라 다나다라 야야
나막알약 바로기제 새바라야 모지사다바야
마하 사다바야 마하가로 니가야 옴살바 바예수
다라나 가라야 다사명 나막가리다바 이맘알야 바로기
제 새바라 다바 니라간타 나막하리나야 마발다 이사미
살발타 사다남 수반 아예염 살바 보다남 바바말아 미수
다감 다냐타 옴 아로계 아로가 마지로가 지가란제 혜혜
하례 마하모지 사다바 사마라 사마라 하리나야 구로구
로 갈마 사다야 사다야 도로도로 미연제 마하미연제 다
라다라 다린나례 새바라 자라자라 마라 미마라 아마라
몰제예 혜혜로계 새바라 라아미사미 나사야 나베 사미
사미 나사야 모하자라 미사미 나사야 호로호로 마라호
로 하례 바나마 나바 사라사라 시리시리 소로소로 못자
못자 모다야 모다야 매다리야 니라간타 가마사 날사남
바라 하리나야 마낙 사바하 싯다야 사바하 마하싯다야
사바하 싯다유예 새바라야 사바하 니라간타야 사바하
바라하 목카싱하 목카야 사바하 바나마 하따야 사바하
자가라 욕다야 사바하 상카섭나네 모다나야 사바하 마
하라 구타다라야 사바하 바마사간타 니사 시체다 가릿
나 이나야 사바하 먀가라 잘마 이바사나야 사바하
『나모라 다나다라 야야 나막알야 바로기제 새바라야
사바하 나모라 다나다라 야야 나막알야 바로기제 새
바라야 사바하 나모라 다나다라 야야 나막알야 바로
기제 새바라야 사바하』

신묘장구대다라니 나모라 다나다라 야야
나막알약 바로기제 새바라야 모지사다바야
마하 사다바야 마하가로 니가야 옴살바 바예수
다라니 가라야 다사명 나막가리다바 이맘알야 바로기
제 새바라 다바 니라간타 나막하리나야 마발다 이사미
살발타 사다남 수반 아예염 살바 보다남 바바말아 미수
다감 다냐타 옴 아로계 아로가 마지로가 지가란제 혜혜
하례 마하모지 사다바 사마라 사마라 하리나야 구로구
로 갈마 사다야 사다야 도로도로 미연제 마하미연제 다
라다라 다린나례 새바라 자라자라 마라 미마라 아마라
몰제예 혜혜로계 새바라 라아미사미 나사야 나베 사미
사미 나사야 모하자라 미사미 나사야 호로호로 마라호
로 하례 바나마 나바 사라사라 시리시리 소로소로 못자
못자 모다야 모다야 매다리야 니라간타 가마사 날사남
바라 하리나야 마낙 사바하 싯다야 사바하 마하싯다야
사바하 싯다유예 새바라야 사바하 니라간타야 사바하
바라하 목카싱하 목카야 사바하 바나마 하따야 사바하
자가라 욕다야 사바하 상카섭나녜 모다나야 사바하 마
하라 구타다라야 사바하 바마사간타 니사 시체다 가릿
나 이나야 사바하 먀가라 잘마 이바사나야 사바하
『나모라 다나다라 야야 나막알야 바로기제 새바라야
사바하 나모라 다나다라 야야 나막알야 바로기제 새
바라야 사바하 나모라 다나다라 야야 나막알야 바로
기제 새바라야 사바하』

신묘장구대다라니 나모라 다나다라 야야
나막알약 바로기제 새바라야 모지사다바야
마하 사다바야 마하가로 니가야 옴살바 바예수
다라니 가라야 다사명 나막가리다바 이맘알야 바로기
제 새바라 다바 니라간타 나막하리나야 마발다 이사미
살발타 사다남 수반 아예염 살바 보다남 바바말아 미수
다감 다냐타 옴 아로계 아로가 마지로가 지가란제 혜혜
하례 마하모지 사다바 사마라 사마라 하리나야 구로구
로 갈마 사다야 사다야 도로도로 미연제 마하미연제 다
라다라 다린나례 새바라 자라자라 마라 미마라 아마라
몰제예 혜혜로계 새바라 라아미사미 나사야 나베 사미
사미 나사야 모하자라 미사미 나사야 호로호로 마라호
로 하례 바나마 나바 사라사라 시리시리 소로소로 못자
못자 모다야 모다야 매다리야 니라간타 가마사 날사남
바라 하리나야 마낙 사바하 싯다야 사바하 마하싯다야
사바하 싯다유예 새바라야 사바하 니라간타야 사바하
바라하 목카싱하 목카야 사바하 바나마 하따야 사바하
자가라 욕다야 사바하 상카섭나녜 모다나야 사바하 마
하라 구타다라야 사바하 바마사간타 니사 시체다 가릿
나 이나야 사바하 먀가라 잘마 이바사나야 사바하
『나모라 다나다라 야야 나막알야 바로기제 새바라야
사바하   나모라 다나다라 야야 나막알야 바로기제 새
바라야 사바하   나모라 다나다라 야야 나막알야 바로
기제 새바라야 사바하』

신묘장구대다라니 나모라 다나다라 야야
나막알약 바로기제 새바라야 모지사다바야
마하 사다바야 마하가로 니가야 옴살바 바예수
다라니 가라야 다사명 나막가리다바 이맘알야 바로기
제 새바라 다바 니라간타 나막하리나야 마발다 이사미
살발타 사다남 수반 아예염 살바 보다남 바바말아 미수
다감 다냐타 옴 아로계 아로가 마지로가 지가란제 혜혜
하례 마하모지 사다바 사마라 사마라 하리나야 구로구
로 갈마 사다야 사다야 도로도로 미연제 마하미연제 다
라다라 다린나례 새바라 자라자라 마라 미마라 아마라
몰제예 혜혜로계 새바라 라아미사미 나사야 나베 사미
사미 나사야 모하자라 미사미 나사야 호로호로 마라호
로 하례 바나마 나바 사라사라 시리시리 소로소로 못자
못자 모다야 모다야 매다리야 니라간타 가마사 날사남
바라 하리나야 마낙 사바하 싯다야 사바하 마하싯다야
사바하 싯다유예 새바라야 사바하 니라간타야 사바하
바라하 목카싱하 목카야 사바하 바나마 하따야 사바하
자가라 욕다야 사바하 상카섭나녜 모다나야 사바하 마
하라 구타다라야 사바하 바마사간타 니사 시체다 가릿
나 이나야 사바하 먀가라 잘마 이바사나야 사바하
『나모라 다나다라 야야 나막알야 바로기제 새바라야
사바하   나모라 다나다라 야야 나막알야 바로기제 새
바라야 사바하   나모라 다나다라 야야 나막알야 바로
기제 새바라야 사바하』

신묘장구대다라니 나모라 다나다라 야야
나막알약 바로기제 새바라야 모지사다바야
마하 사다바야 마하가로 니가야 옴살바 바예수
다라나 가라야 다사명 나막가리다바 이맘알야 바로기
제 새바라 다바 니라간타 나막하리나야 마발다 이사미
살발타 사다남 수반 아예염 살바 보다남 바바말아 미수
다감 다냐타 옴 아로계 아로가 마지로가 지가란제 혜혜
하례 마하모지 사다바 사마라 사마라 하리나야 구로구
로 갈마 사다야 사다야 도로도로 미연제 마하미연제 다
라다라 다린나례 새바라 자라자라 마라 미마라 아마라
몰제예 혜혜로계 새바라 라아미사미 나사야 나베 사미
사미 나사야 모하자라 미사미 나사야 호로호로 마라호
로 하례 바나마 나바 사라사라 시리시리 소로소로 못자
못자 모다야 모다야 매다리야 니라간타 가마사 날사남
바라 하리나야 마낙 사바하 싯다야 사바하 마하싯다야
사바하 싯다유예 새바라야 사바하 니라간타야 사바하
바라하 목카싱하 목카야 사바하 바나마 하따야 사바하
자가라 욕다야 사바하 상카섭나녜 모다나야 사바하 마
하라 구타다라야 사바하 바마사간타 니사 시체다 가릿
나 이나야 사바하 먀가라 잘마 이바사나야 사바하
『나모라 다나다라 야야 나막알야 바로기제 새바라야
사바하 나모라 다나다라 야야 나막알야 바로기제 새
바라야 사바하 나모라 다나다라 야야 나막알야 바로
기제 새바라야 사바하』

신묘장구대다라니 나모라 다나다라 야야
나막알약 바로기제 새바라야 모지사다바야
마하 사다바야 마하가로 니가야 옴살바 바예수
다라나 가라야 다사명 나막가리다바 이맘알야 바로기
제 새바라 다바 니라간타 나막하리나야 마발다 이사미
살발타 사다남 수반 아예염 살바 보다남 바바말아 미수
다감 다냐타 옴 아로계 아로가 마지로가 지가란제 혜혜
하례 마하모지 사다바 사마라 사마라 하리나야 구로구
로 갈마 사다야 사다야 도로도로 미연제 마하미연제 다
라다라 다린나례 새바라 자라자라 마라 미마라 아마라
몰제예 혜혜로계 새바라 라아미사미 나사야 나베 사미
사미 나사야 모하자라 미사미 나사야 호로호로 마라호
로 하례 바나마 나바 사라사라 시리시리 소로소로 못자
못자 모다야 모다야 매다리야 니라간타 가마사 날사남
바라 하리나야 마낙 사바하 싯다야 사바하 마하싯다야
사바하 싯다유예 새바라야 사바하 니라간타야 사바하
바라하 목카싱하 목카야 사바하 바나마 하따야 사바하
자가라 욕다야 사바하 상카섭나녜 모다나야 사바하 마
하라 구타다라야 사바하 바마사간타 니사 시체다 가릿
나 이나야 사바하 먀가라 잘마 이바사나야 사바하
『나모라 다나다라 야야 나막알야 바로기제 새바라야
사바하   나모라 다나다라 야야 나막알야 바로기제 새
바라야 사바하   나모라 다나다라 야야 나막알야 바로
기제 새바라야 사바하』

신묘장구대다라니 나모라 다나다라 야야
나막알약 바로기제 새바라야 모지사다바야
마하 사다바야 마하가로 니가야 옴살바 바예수
다라나 가라야 다사명 나막가리다바 이맘알야 바로기
제 새바라 다바 니라간타 나막하리나야 마발다 이사미
살발타 사다남 수반 아예염 살바 보다남 바바말아 미수
다감 다냐타 옴 아로계 아로가 마지로가 지가란제 혜혜
하례 마하모지 사다바 사마라 사마라 하리나야 구로구
로 갈마 사다야 사다야 도로도로 미연제 마하미연제 다
라다라 다린나례 새바라 자라자라 마라 미마라 아마라
몰제예 혜혜로계 새바라 라아미사미 나사야 나베 사미
사미 나사야 모하자라 미사미 나사야 호로호로 마라호
로 하례 바나마 나바 사라사라 시리시리 소로소로 못자
못자 모다야 모다야 매다리야 니라간타 가마사 날사남
바라 하리나야 마낙 사바하 싯다야 사바하 마하싯다야
사바하 싯다유예 새바라야 사바하 니라간타야 사바하
바라하 목카싱하 목카야 사바하 바나마 하따야 사바하
자가라 욕다야 사바하 상카섭나녜 모다나야 사바하 마
하라 구타다라야 사바하 바마사간타 니사 시체다 가릿
나 이나야 사바하 먀가라 잘마 이바사나야 사바하
『나모라 다나다라 야야 나막알야 바로기제 새바라야
사바하   나모라 다나다라 야야 나막알야 바로기제 새
바라야 사바하   나모라 다나다라 야야 나막알야 바로
기제 새바라야 사바하』

신묘장구대다라니 나모라 다나다라 야야
나막알약 바로기제 새바라야 모지사다바야
마하 사다바야 마하가로 니가야 옴살바 바예수
다라나 가라야 다사명 나막가리다바 이맘알야 바로기
제 새바라 다바 니라간타 나막하리나야 마발다 이사미
살발타 사다남 수반 아예염 살바 보다남 바바말아 미수
다감 다냐타 옴 아로계 아로가 마지로가 지가란제 혜혜
하례 마하모지 사다바 사마라 사마라 하리나야 구로구
로 갈마 사다야 사다야 도로도로 미연제 마하미연제 다
라다라 다린나례 새바라 자라자라 마라 미마라 아마라
몰제예 혜혜로계 새바라 라아미사미 나사야 나베 사미
사미 나사야 모하자라 미사미 나사야 호로호로 마라호
로 하례 바나마 나바 사라사라 시리시리 소로소로 못자
못자 모다야 모다야 매다리야 니라간타 가마사 날사남
바라 하리나야 마낙 사바하 싯다야 사바하 마하싯다야
사바하 싯다유예 새바라야 사바하 니라간타야 사바하
바라하 목카싱하 목카야 사바하 바나마 하따야 사바하
자가라 욕다야 사바하 상카섭나녜 모다나야 사바하 마
하라 구타다라야 사바하 바마사간타 니사 시체다 가릿
나 이나야 사바하 먀가라 잘마 이바사나야 사바하
『나모라 다나다라 야야 나막알야 바로기제 새바라야
사바하　나모라 다나다라 야야 나막알야 바로기제 새
바라야 사바하　나모라 다나다라 야야 나막알야 바로
기제 새바라야 사바하』

신묘장구대다라니 나모라 다나다라 야야
나막알약 바로기제 새바라야 모지사다바야
마하 사다바야 마하가로 니가야 옴살바 바예수
다라나 가라야 다사명 나막가리다바 이맘알야 바로기
제 새바라 다바 니라간타 나막하리나야 마발다 이사미
살발타 사다남 수반 아예염 살바 보다남 바바말아 미수
다감 다냐타 옴 아로계 아로가 마지로가 지가란제 혜혜
하례 마하모지 사다바 사마라 사마라 하리나야 구로구
로 갈마 사다야 사다야 도로도로 미연제 마하미연제 다
라다라 다린나례 새바라 자라자라 마라 미마라 아마라
몰제예 혜혜로계 새바라 라아미사미 나사야 나베 사미
사미 나사야 모하자라 미사미 나사야 호로호로 마라호
로 하례 바나마 나바 사라사라 시리시리 소로소로 못자
못자 모다야 모다야 매다리야 니라간타 가마사 날사남
바라 하리나야 마낙 사바하 싯다야 사바하 마하싯다야
사바하 싯다유예 새바라야 사바하 니라간타야 사바하
바라하 목카싱하 목카야 사바하 바나마 하따야 사바하
자가라 욕다야 사바하 상카섭나녜 모다나야 사바하 마
하라 구타다라야 사바하 바마사간타 니사 시체다 가릿
나 이나야 사바하 먀가라 잘마 이바사나야 사바하
『나모라 다나다라 야야 나막알야 바로기제 새바라야
사바하   나모라 다나다라 야야 나막알야 바로기제 새
바라야 사바하   나모라 다나다라 야야 나막알야 바로
기제 새바라야 사바하』

신묘장구대다라니 나모라 다나다라 야야
나막알약 바로기제 새바라야 모지사다바야
마하 사다바야 마하가로 니가야 옴살바 바예수
다라니 가라야 다사명 나막가리다바 이맘알야 바로기
제 새바라 다바 니라간타 나막하리나야 마발다 이사미
살발타 사다남 수반 아예염 살바 보다남 바바말아 미수
다감 다냐타 옴 아로계 아로가 마지로가 지가란제 혜혜
하례 마하모지 사다바 사마라 사마라 하리나야 구로구
로 갈마 사다야 사다야 도로도로 미연제 마하미연제 다
라다라 다린나례 새바라 자라자라 마라 미마라 아마라
몰제예 혜혜로계 새바라 라아미사미 나사야 나베 사미
사미 나사야 모하자라 미사미 나사야 호로호로 마라호
로 하례 바나마 나바 사라사라 시리시리 소로소로 못자
못자 모다야 모다야 매다리야 니라간타 가마사 날사남
바라 하리나야 마낙 사바하 싯다야 사바하 마하싯다야
사바하 싯다유예 새바라야 사바하 니라간타야 사바하
바라하 목카싱하 목카야 사바하 바나마 하따야 사바하
자가라 욕다야 사바하 상카섭나녜 모다나야 사바하 마
하라 구타다라야 사바하 바마사간타 니사 시체다 가릿
나 이나야 사바하 먀가라 잘마 이바사나야 사바하
『나모라 다나다라 야야 나막알야 바로기제 새바라야
사바하   나모라 다나다라 야야 나막알야 바로기제 새
바라야 사바하   나모라 다나다라 야야 나막알야 바로
기제 새바라야 사바하』

신묘장구대다라니 나모라 다나다라 야야
나막알약 바로기제 새바라야 모지사다바야
마하 사다바야 마하가로 니가야 옴살바 바예수
다라나 가라야 다사명 나막가리다바 이맘알야 바로기
제 새바라 다바 니라간타 나막하리나야 마발다 이사미
살발타 사다남 수반 아예염 살바 보다남 바바말아 미수
다감 다냐타 옴 아로계 아로가 마지로가 지가란제 혜혜
하례 마하모지 사다바 사마라 사마라 하리나야 구로구
로 갈마 사다야 사다야 도로도로 미연제 마하미연제 다
라다라 다린나례 새바라 자라자라 마라 미마라 아마라
몰제예 혜혜로계 새바라 라아미사미 나사야 나베 사미
사미 나사야 모하자라 미사미 나사야 호로호로 마라호
로 하례 바나마 나바 사라사라 시리시리 소로소로 못자
못자 모다야 모다야 매다리야 니라간타 가마사 날사남
바라 하리나야 마낙 사바하 싯다야 사바하 마하싯다야
사바하 싯다유예 새바라야 사바하 니라간타야 사바하
바라하 목카싱하 목카야 사바하 바나마 하따야 사바하
자가라 욕다야 사바하 상카섭나네 모다나야 사바하 마
하라 구타다라야 사바하 바마사간타 니사 시체다 가릿
나 이나야 사바하 먀가라 잘마 이바사나야 사바하
『나모라 다나다라 야야 나막알야 바로기제 새바라야
사바하   나모라 다나다라 야야 나막알야 바로기제 새
바라야 사바하   나모라 다나다라 야야 나막알야 바로
기제 새바라야 사바하』

신묘장구대다라니 나모라 다나다라 야야
나막알약 바로기제 새바라야 모지사다바야
마하 사다바야 마하가로 니가야 옴살바 바예수
다라니 가라야 다사명 나막가리다바 이맘알야 바로기
제 새바라 다바 니라간타 나막하리나야 마발다 이사미
살발타 사다남 수반 아예염 살바 보다남 바바말아 미수
다감 다냐타 옴 아로계 아로가 마지로가 지가란제 혜혜
하례 마하모지 사다바 사마라 사마라 하리나야 구로구
로 갈마 사다야 사다야 도로도로 미연제 마하미연제 다
라다라 다린나례 새바라 자라자라 마라 미마라 아마라
몰제예 혜혜로계 새바라 라아미사미 나사야 나베 사미
사미 나사야 모하자라 미사미 나사야 호로호로 마라호
로 하례 바나마 나바 사라사라 시리시리 소로소로 못자
못자 모다야 모다야 매다리야 니라간타 가마사 날사남
바라 하리나야 마낙 사바하 싯다야 사바하 마하싯다야
사바하 싯다유예 새바라야 사바하 니라간타야 사바하
바라하 목카싱하 목카야 사바하 바나마 하따야 사바하
자가라 욕다야 사바하 상카섭나네 모다나야 사바하 마
하라 구타다라야 사바하 바마사간타 니사 시체다 가릿
나 이나야 사바하 먀가라 잘마 이바사나야 사바하
『나모라 다나다라 야야 나막알야 바로기제 새바라야
사바하   나모라 다나다라 야야 나막알야 바로기제 새
바라야 사바하   나모라 다나다라 야야 나막알야 바로
기제 새바라야 사바하』

신묘장구대다라니 나모라 다나다라 야야
나막알약 바로기제 새바라야 모지사다바야
마하 사다바야 마하가로 니가야 옴살바 바예수
다라나 가라야 다사명 나막가리다바 이맘알야 바로기
제 새바라 다바 니라간타 나막하리나야 마발다 이사미
살발타 사다남 수반 아예염 살바 보다남 바바말아 미수
다감 다냐타 옴 아로계 아로가 마지로가 지가란제 혜혜
하례 마하모지 사다바 사마라 사마라 하리나야 구로구
로 갈마 사다야 사다야 도로도로 미연제 마하미연제 다
라다라 다린나례 새바라 자라자라 마라 미마라 아마라
몰제예 혜혜로계 새바라 라아미사미 나사야 나베 사미
사미 나사야 모하자라 미사미 나사야 호로호로 마라호
로 하례 바나마 나바 사라사라 시리시리 소로소로 못자
못자 모다야 모다야 매다리야 니라간타 가마사 날사남
바라 하리나야 마낙 사바하 싯다야 사바하 마하싯다야
사바하 싯다유예 새바라야 사바하 니라간타야 사바하
바라하 목카싱하 목카야 사바하 바나마 하따야 사바하
자가라 욕다야 사바하 상카섭나녜 모다나야 사바하 마
하라 구타다라야 사바하 바마사간타 니사 시체다 가릿
나 이나야 사바하 먀가라 잘마 이바사나야 사바하
『나모라 다나다라 야야 나막알야 바로기제 새바라야
사바하   나모라 다나다라 야야 나막알야 바로기제 새
바라야 사바하   나모라 다나다라 야야 나막알야 바로
기제 새바라야 사바하』

신묘장구대다라니 나모라 다나다라 야야
나막알약 바로기제 새바라야 모지사다바야
마하 사다바야 마하가로 니가야 옴살바 바예수
다라나 가라야 다사명 나막가리다바 이맘알야 바로기
제 새바라 다바 니라간타 나막하리나야 마발다 이사미
살발타 사다남 수반 아예염 살바 보다남 바바말아 미수
다감 다냐타 옴 아로계 아로가 마지로가 지가란제 혜혜
하례 마하모지 사다바 사마라 사마라 하리나야 구로구
로 갈마 사다야 사다야 도로도로 미연제 마하미연제 다
라다라 다린나례 새바라 자라자라 마라 미마라 아마라
몰제예 혜혜로계 새바라 라아미사미 나사야 나베 사미
사미 나사야 모하자라 미사미 나사야 호로호로 마라호
로 하례 바나마 나바 사라사라 시리시리 소로소로 못자
못자 모다야 모다야 매다리야 니라간타 가마사 날사남
바라 하리나야 마낙 사바하 싯다야 사바하 마하싯다야
사바하 싯다유예 새바라야 사바하 니라간타야 사바하
바라하 목카싱하 목카야 사바하 바나마 하따야 사바하
자가라 욕다야 사바하 상카섭나녜 모다나야 사바하 마
하라 구타다라야 사바하 바마사간타 니사 시체다 가릿
나 이나야 사바하 먀가라 잘마 이바사나야 사바하
『나모라 다나다라 야야 나막알야 바로기제 새바라야
사바하   나모라 다나다라 야야 나막알야 바로기제 새
바라야 사바하   나모라 다나다라 야야 나막알야 바로
기제 새바라야 사바하』

신묘장구대다라니 나모라 다나다라 야야
나막알약 바로기제 새바라야 모지사다바야
마하 사다바야 마하가로 니가야 옴살바 바예수
다라나 가라야 다사명 나막가리다바 이맘알야 바로기
제 새바라 다바 니라간타 나막하리나야 마발다 이사미
살발타 사다남 수반 아예염 살바 보다남 바바말아 미수
다감 다냐타 옴 아로계 아로가 마지로가 지가란제 혜혜
하례 마하모지 사다바 사마라 사마라 하리나야 구로구
로 갈마 사다야 사다야 도로도로 미연제 마하미연제 다
라다라 다린나례 새바라 자라자라 마라 미마라 아마라
몰제예 혜혜로계 새바라 라아미사미 나사야 나베 사미
사미 나사야 모하자라 미사미 나사야 호로호로 마라호
로 하례 바나마 나바 사라사라 시리시리 소로소로 못자
못자 모다야 모다야 매다리야 니라간타 가마사 날사남
바라 하리나야 마낙 사바하 싯다야 사바하 마하싯다야
사바하 싯다유예 새바라야 사바하 니라간타야 사바하
바라하 목카싱하 목카야 사바하 바나마 하따야 사바하
자가라 욕다야 사바하 상카섭나녜 모다나야 사바하 마
하라 구타다라야 사바하 바마사간타 니사 시체다 가릿
나 이나야 사바하 먀가라 잘마 이바사나야 사바하
『나모라 다나다라 야야 나막알야 바로기제 새바라야
사바하   나모라 다나다라 야야 나막알야 바로기제 새
바라야 사바하   나모라 다나다라 야야 나막알야 바로
기제 새바라야 사바하』

신묘장구대다라니 나모라 다나다라 야야
나막알약 바로기제 새바라야 모지사다바야
마하 사다바야 마하가로 니가야 옴살바 바예수
다라나 가라야 다사명 나막가리다바 이맘알야 바로기
제 새바라 다바 니라간타 나막하리나야 마발다 이사미
살발타 사다남 수반 아예염 살바 보다남 바바말아 미수
다감 다냐타 옴 아로계 아로가 마지로가 지가란제 혜혜
하례 마하모지 사다바 사마라 사마라 하리나야 구로구
로 갈마 사다야 사다야 도로도로 미연제 마하미연제 다
라다라 다린나례 새바라 자라자라 마라 미마라 아마라
몰제예 혜혜로계 새바라 라아미사미 나사야 나베 사미
사미 나사야 모하자라 미사미 나사야 호로호로 마라호
로 하례 바나마 나바 사라사라 시리시리 소로소로 못자
못자 모다야 모다야 매다리야 니라간타 가마사 날사남
바라 하리나야 마낙 사바하 싯다야 사바하 마하싯다야
사바하 싯다유예 새바라야 사바하 니라간타야 사바하
바라하 목카싱하 목카야 사바하 바나마 하따야 사바하
자가라 욕다야 사바하 상카섭나녜 모다나야 사바하 마
하라 구타다라야 사바하 바마사간타 니사 시체다 가릿
나 이나야 사바하 먀가라 잘마 이바사나야 사바하
『나모라 다나다라 야야 나막알야 바로기제 새바라야
사바하 나모라 다나다라 야야 나막알야 바로기제 새
바라야 사바하 나모라 다나다라 야야 나막알야 바로
기제 새바라야 사바하』

신묘장구대다라니 나모라 다나다라 야야
나막알약 바로기제 새바라야 모지사다바야
마하 사다바야 마하가로 니가야 옴살바 바예수
다라나 가라야 다사명 나막가리다바 이맘알야 바로기
제 새바라 다바 니라간타 나막하리나야 마발다 이사미
살발타 사다남 수반 아예염 살바 보다남 바바말아 미수
다감 다냐타 옴 아로계 아로가 마지로가 지가란제 혜혜
하례 마하모지 사다바 사마라 사마라 하리나야 구로구
로 갈마 사다야 사다야 도로도로 미연제 마하미연제 다
라다라 다린나례 새바라 자라자라 마라 미마라 아마라
몰제예 혜혜로계 새바라 라아미사미 나사야 나베 사미
사미 나사야 모하자라 미사미 나사야 호로호로 마라호
로 하례 바나마 나바 사라사라 시리시리 소로소로 못자
못자 모다야 모다야 매다리야 니라간타 가마사 날사남
바라 하리나야 마낙 사바하 싯다야 사바하 마하싯다야
사바하 싯다유예 새바라야 사바하 니라간타야 사바하
바라하 목카싱하 목카야 사바하 바나마 하따야 사바하
자가라 욕다야 사바하 상카섭나녜 모다나야 사바하 마
하라 구타다라야 사바하 바마사간타 니사 시체다 가릿
나 이나야 사바하 먀가라 잘마 이바사나야 사바하
『나모라 다나다라 야야 나막알야 바로기제 새바라야
사바하   나모라 다나다라 야야 나막알야 바로기제 새
바라야 사바하   나모라 다나다라 야야 나막알야 바로
기제 새바라야 사바하』

불기 25   년   월   일   요일

신묘장구대다라니 나모라 다나다라 야야
나막알약 바로기제 새바라야 모지사다바야
마하 사다바야 마하가로 니가야 옴살바 바예수
다라나 가라야 다사명 나막가리다바 이맘알야 바로기
제 새바라 다바 니라간타 나막하리나야 마발다 이사미
살발타 사다남 수반 아예염 살바 보다남 바바말아 미수
다감 다냐타 옴 아로계 아로가 마지로가 지가란제 혜혜
하례 마하모지 사다바 사마라 사마라 하리나야 구로구
로 갈마 사다야 사다야 도로도로 미연제 마하미연제 다
라다리 다린나례 새바라 자라자라 마라 미마라 아마라
몰제예 혜혜로계 새바라 라아미사미 나사야 나베 사미
사미 나사야 모하자라 미사미 나사야 호로호로 마라호
로 하례 바나마 나바 사라사라 시리시리 소로소로 못자
못자 모다야 모다야 매다리야 니라간타 가마사 날사남
바라 하리나야 마낙 사바하 싯다야 사바하 마하싯다야
사바하 싯다유예 새바라야 사바하 니라간타야 사바하
바라하 목카싱하 목카야 사바하 바나마 하따야 사바하
자가라 욕다야 사바하 상카섭나녜 모다나야 사바하 마
하라 구타다라야 사바하 바마사간타 니사 시체다 가릿
나 이나야 사바하 먀가라 잘마 이바사나야 사바하
『나모라 다나다라 야야 나막알야 바로기제 새바라야
사바하   나모라 다나다라 야야 나막알야 바로기제 새
바라야 사바하   나모라 다나다라 야야 나막알야 바로
기제 새바라야 사바하』

신묘장구대다라니 나모라 다나다라 야야
나막알약 바로기제 새바라야 모지사다바야
마하 사다바야 마하가로 니가야 옴살바 바예수
다라나 가라야 다사명 나막가리다바 이맘알야 바로기
제 새바라 다바 니라간타 나막하리나야 마발다 이사미
살발타 사다남 수반 아예염 살바 보다남 바바말아 미수
다감 다냐타 옴 아로계 아로가 마지로가 지가란제 혜혜
하례 마하모지 사다바 사마라 사마라 하리나야 구로구
로 갈마 사다야 사다야 도로도로 미연제 마하미연제 다
라다라 다린나례 새바라 자라자라 마라 미마라 아마라
몰제예 혜혜로계 새바라 라아미사미 나사야 나베 사미
사미 나사야 모하자라 미사미 나사야 호로호로 마라호
로 하례 바나마 나바 사라사라 시리시리 소로소로 못자
못자 모다야 모다야 매다리야 니라간타 가마사 날사남
바라 하리나야 마낙 사바하 싯다야 사바하 마하싯다야
사바하 싯다유예 새바라야 사바하 니라간타야 사바하
바라하 목카싱하 목카야 사바하 바나마 하따야 사바하
자가라 욕다야 사바하 상카섭나녜 모다나야 사바하 마
하라 구타다라야 사바하 바마사간타 니사 시체다 가릿
나 이나야 사바하 먀가라 잘마 이바사나야 사바하
『나모라 다나다라 야야 나막알야 바로기제 새바라야
사바하   나모라 다나다라 야야 나막알야 바로기제 새
바라야 사바하   나모라 다나다라 야야 나막알야 바로
기제 새바라야 사바하』

신묘장구대다라니 나모라 다나다라 야야
나막알약 바로기제 새바라야 모지사다바야
마하 사다바야 마하가로 니가야 옴살바 바예수
다라나 가라야 다사명 나막가리다바 이맘알야 바로기
제 새바라 다바 니라간타 나막하리나야 마발다 이사미
살발타 사다남 수반 아예염 살바 보다남 바바말아 미수
다감 다냐타 옴 아로계 아로가 마지로가 지가란제 혜혜
하례 마하모지 사다바 사마라 사마라 하리나야 구로구
로 갈마 사다야 사다야 도로도로 미연제 마하미연제 다
라다라 다린나례 새바라 자라자라 마라 미마라 아마라
몰제예 혜혜로계 새바라 라아미사미 나사야 나베 사미
사미 나사야 모하자라 미사미 나사야 호로호로 마라호
로 하례 바나마 나바 사라사라 시리시리 소로소로 못자
못자 모다야 모다야 매다리야 니라간타 가마사 날사남
바라 하리나야 마낙 사바하 싯다야 사바하 마하싯다야
사바하 싯다유예 새바라야 사바하 니라간타야 사바하
바라하 목카싱하 목카야 사바하 바나마 하따야 사바하
자가라 욕다야 사바하 상카섭나녜 모다나야 사바하 마
하라 구타다라야 사바하 바마사간타 니사 시체다 가릿
나 이나야 사바하 먀가라 잘마 이바사나야 사바하
『나모라 다나다라 야야 나막알야 바로기제 새바라야
사바하 나모라 다나다라 야야 나막알야 바로기제 새
바라야 사바하 나모라 다나다라 야야 나막알야 바로
기제 새바라야 사바하』

신묘장구대다라니 나모라 다나다라 야야
나막알약 바로기제 새바라야 모지사다바야
마하 사다바야 마하가로 니가야 옴살바 바예수
다라나 가라야 다사명 나막가리다바 이맘알야 바로기
제 새바라 다바 니라간타 나막하리나야 마발다 이사미
살발타 사다남 수반 아예염 살바 보다남 바바말아 미수
다감 다냐타 옴 아로계 아로가 마지로가 지가란제 혜혜
하례 마하모지 사다바 사마라 사마라 하리나야 구로구
로 갈마 사다야 사다야 도로도로 미연제 마하미연제 다
라다라 다린나례 새바라 자라자라 마라 미마라 아마라
몰제예 혜혜로계 새바라 라아미사미 나사야 나베 사미
사미 나사야 모하자라 미사미 나사야 호로호로 마라호
로 하례 바나마 나바 사라사라 시리시리 소로소로 못자
못자 모다야 모다야 매다리야 니라간타 가마사 날사남
바라 하리나야 마낙 사바하 싯다야 사바하 마하싯다야
사바하 싯다유예 새바라야 사바하 니라간타야 사바하
바라하 목카싱하 목카야 사바하 바나마 하따야 사바하
자가라 욕다야 사바하 상카섭나녜 모다나야 사바하 마
하라 구타다라야 사바하 바마사간타 니사 시체다 가릿
나 이나야 사바하 먀가라 잘마 이바사나야 사바하
『나모라 다나다라 야야 나막알야 바로기제 새바라야
사바하   나모라 다나다라 야야 나막알야 바로기제 새
바라야 사바하   나모라 다나다라 야야 나막알야 바로
기제 새바라야 사바하』

신묘장구대다라니 나모라 다나다라 야야
나막알약 바로기제 새바라야 모지사다바야
마하 사다바야 마하가로 니가야 옴살바 바예수
다라나 가라야 다사명 나막가리다바 이맘알야 바로기
제 새바라 다바 니라간타 나막하리나야 마발다 이사미
살발타 사다남 수반 아예염 살바 보다남 바바말아 미수
다감 다냐타 옴 아로계 아로가 마지로가 지가란제 혜혜
하례 마하모지 사다바 사마라 사마라 하리나야 구로구
로 갈마 사다야 사다야 도로도로 미연제 마하미연제 다
라다라 다린나례 새바라 자라자라 마라 미마라 아마라
몰제예 혜혜로계 새바라 라아미사미 나사야 나베 사미
사미 나사야 모하자라 미사미 나사야 호로호로 마라호
로 하례 바나마 나바 사라사라 시리시리 소로소로 못자
못자 모다야 모다야 매다리야 니라간타 가마사 날사남
바라 하리나야 마낙 사바하 싯다야 사바하 마하싯다야
사바하 싯다유예 새바라야 사바하 니라간타야 사바하
바라하 목카싱하 목카야 사바하 바나마 하따야 사바하
자가라 욕다야 사바하 상카섭나녜 모다나야 사바하 마
하라 구타다라야 사바하 바마사간타 니사 시체다 가릿
나 이나야 사바하 먀가라 잘마 이바사나야 사바하
『나모라 다나다라 야야 나막알야 바로기제 새바라야
사바하   나모라 다나다라 야야 나막알야 바로기제 새
바라야 사바하   나모라 다나다라 야야 나막알야 바로
기제 새바라야 사바하』

신묘장구대다라니 나모라 다나다라 야야
나막알약 바로기제 새바라야 모지사다바야
마하 사다바야 마하가로 니가야 옴살바 바예수
다라니 가라야 다사명 나막가리다바 이맘알야 바로기
제 새바라 다바 니라간타 나막하리나야 마발다 이사미
살발타 사다남 수반 아예염 살바 보다남 바바말아 미수
다감 다냐타 옴 아로계 아로가 마지로가 지가란제 혜혜
하례 마하모지 사다바 사마라 사마라 하리나야 구로구
로 갈마 사다야 사다야 도로도로 미연제 마하미연제 다
라다라 다린나례 새바라 자라자라 마라 미마라 아마라
몰제예 혜혜로계 새바라 라아미사미 나사야 나베 사미
사미 나사야 모하자라 미사미 나사야 호로호로 마라호
로 하례 바나마 나바 사라사라 시리시리 소로소로 못자
못자 모다야 모다야 매다리야 니라간타 가마사 날사남
바라 하리나야 마낙 사바하 싯다야 사바하 마하싯다야
사바하 싯다유예 새바라야 사바하 니라간타야 사바하
바라하 목카싱하 목카야 사바하 바나마 하따야 사바하
자가라 욕다야 사바하 상카섭나녜 모다나야 사바하 마
하라 구타다라야 사바하 바마사간타 니사 시체다 가릿
나 이나야 사바하 먀가라 잘마 이바사나야 사바하
『나모라 다나다라 야야 나막알야 바로기제 새바라야
사바하 나모라 다나다라 야야 나막알야 바로기제 새
바라야 사바하 나모라 다나다라 야야 나막알야 바로
기제 새바라야 사바하』

신묘장구대다라니 나모라 다나다라 야야
나막알약 바로기제 새바라야 모지사다바야
마하 사다바야 마하가로 니가야 옴살바 바예수
다라나 가라야 다사명 나막가리다바 이맘알야 바로기
제 새바라 다바 니라간타 나막하리나야 마발다 이사미
살발타 사다남 수반 아예염 살바 보다남 바바말아 미수
다감 다냐타 옴 아로계 아로가 마지로가 지가란제 혜혜
하례 마하모지 사다바 사마라 사마라 하리나야 구로구
로 갈마 사다야 사다야 도로도로 미연제 마하미연제 다
라다라 다린나례 새바라 자라자라 마라 미마라 아마라
몰제예 혜혜로계 새바라 라아미사미 나사야 나베 사미
사미 나사야 모하자라 미사미 나사야 호로호로 마라호
로 하례 바나마 나바 사라사라 시리시리 소로소로 못자
못자 모다야 모다야 매다리야 니라간타 가마사 날사남
바라 하리나야 마낙 사바하 싯다야 사바하 마하싯다야
사바하 싯다유예 새바라야 사바하 니라간타야 사바하
바라하 목카싱하 목카야 사바하 바나마 하따야 사바하
자가라 욕다야 사바하 상카섭나녜 모다나야 사바하 마
하라 구타다라야 사바하 바마사간타 니사 시체다 가릿
나 이나야 사바하 먀가라 잘마 이바사나야 사바하
『나모라 다나다라 야야 나막알야 바로기제 새바라야
사바하   나모라 다나다라 야야 나막알야 바로기제 새
바라야 사바하   나모라 다나다라 야야 나막알야 바로
기제 새바라야 사바하』

신묘장구대다라니 나모라 다나다라 야야
나막알약 바로기제 새바라야 모지사다바야
마하 사다바야 마하가로 니가야 옴살바 바예수
다라나 가라야 다사명 나막가리다바 이맘알야 바로기
제 새바라 다바 니라간타 나막하리나야 마발다 이사미
살발타 사다남 수반 아예염 살바 보다남 바바말아 미수
다감 다냐타 옴 아로계 아로가 마지로가 지가란제 혜혜
하례 마하모지 사다바 사마라 사마라 하리나야 구로구
로 갈마 사다야 사다야 도로도로 미연제 마하미연제 다
라다라 다린나례 새바라 자라자라 마라 미마라 아마라
몰제예 혜혜로계 새바라 라아미사미 나사야 나베 사미
사미 나사야 모하자라 미사미 나사야 호로호로 마라호
로 하례 바나마 나바 사라사라 시리시리 소로소로 못자
못자 모다야 모다야 매다리야 니라간타 가마사 날사남
바라 하리나야 마낙 사바하 싯다야 사바하 마하싯다야
사바하 싯다유예 새바라야 사바하 니라간타야 사바하
바라하 목카싱하 목카야 사바하 바나마 하따야 사바하
자가라 욕다야 사바하 상카섭나녜 모다나야 사바하 마
하라 구타다라야 사바하 바마사간타 니사 시체다 가릿
나 이나야 사바하 먀가라 잘마 이바사나야 사바하
『나모라 다나다라 야야 나막알야 바로기제 새바라야
사바하 나모라 다나다라 야야 나막알야 바로기제 새
바라야 사바하 나모라 다나다라 야야 나막알야 바로
기제 새바라야 사바하』

신묘장구대다라니 나모라 다나다라 야야
나막알약 바로기제 새바라야 모지사다바야
마하 사다바야 마하가로 니가야 옴살바 바예수
다라나 가라야 다사명 나막가리다바 이맘알야 바로기
제 새바라 다바 니라간타 나막하리나야 마발다 이사미
살발타 사다남 수반 아예염 살바 보다남 바바말아 미수
다감 다냐타 옴 아로계 아로가 마지로가 지가란제 혜혜
하례 마하모지 사다바 사마라 사마라 하리나야 구로구
로 갈마 사다야 사다야 도로도로 미연제 마하미연제 다
라다라 다린나례 새바라 자라자라 마라 미마라 아마라
몰제예 혜혜로계 새바라 라아미사미 나사야 나베 사미
사미 나사야 모하자라 미사미 나사야 호로호로 마라호
로 하례 바나마 나바 사라사라 시리시리 소로소로 못자
못자 모다야 모다야 매다리야 니라간타 가마사 날사남
바라 하리나야 마낙 사바하 싯다야 사바하 마하싯다야
사바하 싯다유예 새바라야 사바하 니라간타야 사바하
바라하 목카싱하 목카야 사바하 바나마 하따야 사바하
자가라 욕다야 사바하 상카섭나녜 모다나야 사바하 마
하라 구타다라야 사바하 바마사간타 니사 시체다 가릿
나 이나야 사바하 먀가라 잘마 이바사나야 사바하
『나모라 다나다라 야야 나막알야 바로기제 새바라야
사바하   나모라 다나다라 야야 나막알야 바로기제 새
바라야 사바하   나모라 다나다라 야야 나막알야 바로
기제 새바라야 사바하』

신묘장구대다라니 나모라 다나다라 야야
나막알약 바로기제 새바라야 모지사다바야
마하 사다바야 마하가로 니가야 옴살바 바예수
다라니 가라야 다사명 나막가리다바 이맘알야 바로기
제 새바라 다바 니라간타 나막하리나야 마발다 이사미
살발타 사다남 수반 아예염 살바 보다남 바바말아 미수
다감 다냐타 옴 아로계 아로가 마지로가 지가란제 혜혜
하례 마하모지 사다바 사마라 사마라 하리나야 구로구
로 갈마 사다야 사다야 도로도로 미연제 마하미연제 다
라다라 다린나례 새바라 자라자라 마라 미마라 아마라
몰제예 혜혜로계 새바라 라아미사미 나사야 나베 사미
사미 나사야 모하자라 미사미 나사야 호로호로 마라호
로 하례 바나마 나바 사라사라 시리시리 소로소로 못자
못자 모다야 모다야 매다리야 니라간타 가마사 날사남
바라 하리나야 마낙 사바하 싯다야 사바하 마하싯다야
사바하 싯다유예 새바라야 사바하 니라간타야 사바하
바라하 목카싱하 목카야 사바하 바나마 하따야 사바하
자가라 욕다야 사바하 상카섭나녜 모다나야 사바하 마
하라 구타다라야 사바하 바마사간타 니사 시체다 가릿
나 이나야 사바하 먀가라 잘마 이바사나야 사바하
『나모라 다나다라 야야 나막알야 바로기제 새바라야
사바하 나모라 다나다라 야야 나막알야 바로기제 새
바라야 사바하 나모라 다나다라 야야 나막알야 바로
기제 새바라야 사바하』

신묘장구대다라니 나모라 다나다라 야야
나막알약 바로기제 새바라야 모지사다바야
마하 사다바야 마하가로 니가야 옴살바 바예수
다라나 가라야 다사명 나막가리다바 이맘알야 바로기
제 새바라 다바 니라간타 나막하리나야 마발다 이사미
살발타 사다남 수반 아예염 살바 보다남 바바말아 미수
다감 다냐타 옴 아로계 아로가 마지로가 지가란제 혜혜
하례 마하모지 사다바 사마라 사마라 하리나야 구로구
로 갈마 사다야 사다야 도로도로 미연제 마하미연제 다
라다라 다린나례 새바라 자라자라 마라 미마라 아마라
몰제예 혜혜로계 새바라 라아미사미 나사야 나베 사미
사미 나사야 모하자라 미사미 나사야 호로호로 마라호
로 하례 바나마 나바 사라사라 시리시리 소로소로 못자
못자 모다야 모다야 매다리야 니라간타 가마사 날사남
바라 하리나야 마낙 사바하 싯다야 사바하 마하싯다야
사바하 싯다유예 새바라야 사바하 니라간타야 사바하
바라하 목카싱하 목카야 사바하 바나마 하따야 사바하
자가라 욕다야 사바하 상카섭나녜 모다나야 사바하 마
하라 구타다라야 사바하 바마사간타 니사 시체다 가릿
나 이나야 사바하 먀가라 잘마 이바사나야 사바하
『나모라 다나다라 야야 나막알야 바로기제 새바라야
사바하   나모라 다나다라 야야 나막알야 바로기제 새
바라야 사바하   나모라 다나다라 야야 나막알야 바로
기제 새바라야 사바하』

신묘장구대다라니 나모라 다나다라 야야
나막알약 바로기제 새바라야 모지사다바야
마하 사다바야 마하가로 니가야 옴살바 바예수
다라나 가라야 다사명 나막가리다바 이맘알야 바로기
제 새바라 다바 니라간타 나막하리나야 마발다 이사미
살발타 사다남 수반 아예염 살바 보다남 바바말아 미수
다감 다냐타 옴 아로계 아로가 마지로가 지가란제 혜혜
하례 마하모지 사다바 사마라 사마라 하리나야 구로구
로 갈마 사다야 사다야 도로도로 미연제 마하미연제 다
라다라 다린나례 새바라 자라자라 마라 미마라 아마라
몰제예 혜혜로계 새바라 라아미사미 나사야 나베 사미
사미 나사야 모하자라 미사미 나사야 호로호로 마라호
로 하례 바나마 나바 사라사라 시리시리 소로소로 못자
못자 모다야 모다야 매다리야 니라간타 가마사 날사남
바라 하리나야 마낙 사바하 싯다야 사바하 마하싯다야
사바하 싯다유예 새바라야 사바하 니라간타야 사바하
바라하 목카싱하 목카야 사바하 바나마 하따야 사바하
자가라 욕다야 사바하 상카섭나녜 모다나야 사바하 마
하라 구타다라야 사바하 바마사간타 니사 시체다 가릿
나 이나야 사바하 먀가라 잘마 이바사나야 사바하
『나모라 다나다라 야야 나막알야 바로기제 새바라야
사바하   나모라 다나다라 야야 나막알야 바로기제 새
바라야 사바하   나모라 다나다라 야야 나막알야 바로
기제 새바라야 사바하』

불기 25   년   월   일   요일

신묘장구대다라니 나모라 다나다라 야야
나막알약 바로기제 새바라야 모지사다바야
마하 사다바야 마하가로 니가야 옴살바 바예수
다라나 가라야 다사명 나막가리다바 이맘알야 바로기
제 새바라 다바 니라간타 나막하리나야 마발다 이사미
살발타 사다남 수반 아예염 살바 보다남 바바말아 미수
다감 다냐타 옴 아로계 아로가 마지로가 지가란제 혜혜
하례 마하모지 사다바 사마라 사마라 하리나야 구로구
로 갈마 사다야 사다야 도로도로 미연제 마하미연제 다
라다라 다린나례 새바라 자라자라 마라 미마라 아마라
몰제예 혜혜로계 새바라 라아미사미 나사야 나베 사미
사미 나사야 모하자라 미사미 나사야 호로호로 마라호
로 하례 바나마 나바 사라사라 시리시리 소로소로 못자
못자 모다야 모다야 매다리야 니라간타 가마사 날사남
바라 하리나야 마낙 사바하 싯다야 사바하 마하싯다야
사바하 싯다유예 새바라야 사바하 니라간타야 사바하
바라하 목카싱하 목카야 사바하 바나마 하따야 사바하
자가라 욕다야 사바하 상카섭나녜 모다나야 사바하 마
하라 구타다라야 사바하 바마사간타 니사 시체다 가릿
나 이나야 사바하 먀가라 잘마 이바사나야 사바하
『나모라 다나다라 야야 나막알야 바로기제 새바라야
사바하   나모라 다나다라 야야 나막알야 바로기제 새
바라야 사바하   나모라 다나다라 야야 나막알야 바로
기제 새바라야 사바하』

신묘장구대다라니 나모라 다나다라 야야
나막알약 바로기제 새바라야 모지사다바야
마하 사다바야 마하가로 니가야 옴살바 바예수
다라나 가라야 다사명 나막가리다바 이맘알야 바로기
제 새바라 다바 니라간타 나막하리나야 마발다 이사미
살발타 사다남 수반 아예염 살바 보다남 바바말아 미수
다감 다냐타 옴 아로계 아로가 마지로가 지가란제 혜혜
하례 마하모지 사다바 사마라 사마라 하리나야 구로구
로 갈마 사다야 사다야 도로도로 미연제 마하미연제 다
라다라 다린나례 새바라 자라자라 마라 미마라 아마라
몰제예 혜혜로계 새바라 라아미사미 나사야 나베 사미
사미 나사야 모하자라 미사미 나사야 호로호로 마라호
로 하례 바나마 나바 사라사라 시리시리 소로소로 못자
못자 모다야 모다야 매다리야 니라간타 가마사 날사남
바라 하리나야 마낙 사바하 싯다야 사바하 마하싯다야
사바하 싯다유예 새바라야 사바하 니라간타야 사바하
바라하 목카싱하 목카야 사바하 바나마 하따야 사바하
자가라 욕다야 사바하 상카섭나네 모다나야 사바하 마
하라 구타다라야 사바하 바마사간타 니사 시체다 가릿
나 이나야 사바하 먀가라 잘마 이바사나야 사바하
『나모라 다나다라 야야 나막알야 바로기제 새바라야
사바하 나모라 다나다라 야야 나막알야 바로기제 새
바라야 사바하 나모라 다나다라 야야 나막알야 바로
기제 새바라야 사바하』

사경회향문

나무불 나무법 나무승 시방법계에 두루하신 부처님이시여!
저에게 이렇듯 큰 가피 내리시어 백일사경기도를 마치게 하시니
너무너무 감사할 따름입니다.

거듭청하옵나니 더욱 착한 불자로 이끌어 주시고 귀의하옵는 저
의 마음에 자비의 광명으로 임하사 공덕의 등불되게 하소서.

선망부모 조상님들 모두 극락으로 인도하옵시며 저의 가족 언제
나 건강하며 하는 일이 뜻과 같이 되게 하소서.

오늘 이처럼 닦은 공부, 모든 이웃에게 두루 회향하오며 세세생생
보살도 닦기를 서원합니다.

시방에 두루하신 부처님께 귀명정례 하옵니다.

관세음보살 관세음보살 관세음보살

* 필요에 따라 자기 가족의 축원을 구체적으로 하셔도 됩니다.

기도불자 _____ 합장